¿Quién eres tú?

Laura Chica

¿Quién eres tú?

Descubre tu mayor tesoro: tú mismo

alienta
EDITORIAL

Alienta es un sello editorial de Centro Libros PAPF, S. L. U.
Grupo Planeta
Av. Diagonal, 662-664
08034 Barcelona

www.planetadelibros.com

Diseño de cubierta: Microbio Gentleman

ISBN: 978-84-15678-30-4
Depósito legal: B. 11064 - 2013
Primera edición: junio de 2013
Preimpresión: Víctor Igual
Impreso por T. G. Soler

Impreso en España – *Printed in Spain*

A Norah, mi inspiración
y el cómo, el qué, el dónde y el porqué
de mi felicidad

«Para crecer, simplemente mira un árbol.
A medida que el árbol crece hacia arriba
sus raíces crecen más profundamente hacia abajo,
más hondo.
Hay un equilibrio: cuanto más se eleva el árbol,
más profundas son sus raíces.
No puede existir un árbol de cincuenta metros de altura
que tenga raíces pequeñas;
no podrían sostener a un árbol tan grande.
En la vida, crecer significa profundizar en ti mismo:
es ahí donde están tus raíces.»

OSHO

SUMARIO

TÚ
¿Quién eres?
¿Cuál es tu talento?
¿Cuáles son tus sueños?
¿Qué sientes?
¿Qué te gusta hacer?

INTRODUCCIÓN

«Nunca es tarde para ser lo que deberías haber sido.»

George Eliot

¿QUIÉN ERES TÚ?

Existen pocas preguntas con esta dificultad.
Nunca nos han enseñado a contestarla.

Crecemos sin conocer quiénes somos, qué queremos, qué nos hace felices.

Se olvidaron de despertar nuestro talento, de enseñarnos a conectar con nuestro propio mundo emocional, de hacernos sentir únicos e inigualables.

Y ahora se nos exige ser diferentes, saber quiénes somos, qué queremos, y saber qué podemos ofrecer al mundo.

Y entonces, ¿quién eres tú?

«Sólo cuando uno se cae y se cuestiona profundamente —cuando es humilde—, comienza un proceso de descubrimiento interior y transformación.»

Pilar Jericó

Esos momentos de transición e incertidumbre son los que nos permiten crecer. Podemos elegir crear una nueva realidad ahora; reeducar nuestra forma de mirar, aprender a enfocarnos las soluciones, ver posibilidades en los obstáculos, focalizar lo positivo, generando una mirada más optimista y descubriendo un mundo de emociones positivas.

En su libro *Inteligencia emocional*, Daniel Goleman dice: «Hemos rechazado la biología de nuestros sentimientos como adultos y como progenitores. Hemos rechazado el papel de los sentimientos en el desarrollo de nuestros hijos. Y ahora, estamos pagando el precio, como personas, como familias y como sociedad».

Ésta es nuestra asignatura pendiente: la educación emocional. Aprender a sentir. Aprender a vivir nuestras emociones. Escucharnos. Conectar con nosotros mismos, despertar nuestro talento, conocer nuestras capacidades, nuestros sueños. No conozco otro camino para ser feliz.

San Agustín decía una frase mágica, que podría resumir el sentido de nuestra vida:

«Conócete. Acéptate. Supérate.»

Sin duda, todo un reto.

Ser consciente de uno mismo, de las fortalezas que nos permiten avanzar y de las limitaciones que nos lo impiden.

Aceptarnos, permitiéndonos ganar, perder, acertar o equivocarnos.

Aceptar el reto de superarnos, permitir el cambio, establecer objetivos. Aprender a ser mejor que uno mismo.

En definitiva, creer para crear.

Con este libro podrás trabajar los dos pilares de la inteligencia emocional: lo intrapersonal (autoconocimiento, valoración y confianza en ti mismo) y lo interpersonal (relacionarte de forma positiva con los demás), todo ello desde la ciencia de la psicología positiva, y con un claro objetivo: incrementar tu bienestar y tu felicidad.

En cada capítulo del libro encontrarás la siguiente estructura:

✓ Un cuento con valores emocionales.
✓ El capítulo del libro.
✓ Zona de desarrollo personal. Son preguntas tipo *coaching* que te invitan a reflexionar sobre cómo puedes mejorar tus habilidades.

Bienvenido a un viaje de conocimiento y transformación mediante el descubrimiento de tu mayor tesoro: tú mismo.

Bienvenido a **emociónARTE.**

En una diminuta aldea, vivía una gran familia de osos gominola. Eran felices, y vivían en paz y armonía.
Durante los preparativos de la fiesta anual del lago de azúcar, cada uno sabía lo que tenía que hacer. Pero surgió un problema entre dos osos, ya que los dos querían poner el cartel que habían elaborado. Comenzaron a discutir, y la ira y el enfado que sentían les hizo cambiar de color. De pronto pasaron del naranja... al rojo. Cuando dos osos más se acercaron para ver qué pasaba, ¡sorpresa!, se volvieron rojos también. Al lado, tres osos que escucharon la conversación, ¡también cambiaron a rojo!
Cuando llegó el gran jefe oso gominola, no podía creer lo que estaba pasando...
Reunió a todos los osos, y les explicó que era normal discutir, porque cada uno tenía diferentes puntos de vista. Pudieron ver como les afectaba al color del cuerpo aquello que sentían. Pero debían continuar juntos preparando la fiesta, y, con la puesta de sol, debían bañarse en el lago de azúcar.
Cuando el sol se escondió, el lago de azúcar comenzó a brillar, y todos los osos gominola de la aldea se bañaron en él.
El color rojo desapareció, y con ello la ira, el enfado y la tristeza, y los osos volvieron a su color naranja, llenos de bondad, alegría y optimismo; color que les hacía ser unos osos felices.

1. EMOCIONES, ¿POR QUÉ AHORA SÍ IMPORTAN?

«Cuanto más abiertos estamos a nuestros propios sentimientos, mejor podremos leer los de los demás.»

DANIEL GOLEMAN

La mayor de las dificultades que nos encontramos en nuestro desarrollo emocional es que no nos han enseñado a pensar sobre lo que sentimos, por qué lo sentimos o cómo se llama eso que sentimos. Ni siquiera nos han enseñado a sentir. Nuestra educación se ha centrado en el cerebro racional, olvidando casi por completo el cerebro emocional.

Podemos resumir nuestro estado actual en esta frase:

«Somos analfabetos emocionales.»

Desde que se descubrió que tiene mayor responsabilidad que la inteligencia racional en la consecución del éxito en la vida (en proporción 80-20, según Daniel Goleman), cada vez cobra más fuerza el concepto de inteligencia emocional. Es un concepto que debe ser entendido de forma equilibrada: la inteligencia emocional debe ser educada en equilibrio con la inteligencia racional. En la actualidad somos producto de ese desequilibrio, y nos corresponde trabajar en el desarrollo de nuestras competencias emocionales, para equilibrarlo. En nuestras manos está, por un lado, reeducar nuestro mundo emocional y, por otro, educar a nuestros hijos de forma equilibrada, incluso desde antes de nacer, estimulando emociones, sensaciones, sentimientos, creatividad y talento. En definitiva, enseñándoles a sentir, a creer, a crear, a apasionarse y a vivir con emoción.

Diferentes investigaciones demuestran que la falta de inteligencia emocional influye en la aparición de problemas en los niños y jóvenes en sus relaciones interpersonales, en su bienestar psicológico, en el rendimiento académico y en la aparición de conductas disruptivas (Mestre y Fernández-Berrocal, 2007; Trinidad y Johnson, 2002). La inteligencia emocional es una de las mejores herramientas para alcanzar el éxito en el trabajo y en la vida, alcanzar la satisfacción plena; y lo más importante es que todos podemos desarrollar la inteligencia emocional, ya que son habilidades y, por lo tanto, se pueden entrenar.

Aparece entonces el concepto de *neuroplasticidad cerebral*: aquello que pensamos, hacemos y observamos modifica sustancialmente nuestro cerebro (Davidson, 2000). Es decir, nuestro cerebro cambia según lo que pensamos, con aquello que hacemos, incluso con lo que observamos. Nuestro cerebro puede entrenarse, moldearse, adquirir nuevos hábitos, habilidades y patrones de pensamiento más positivos y adaptativos al entorno. Investigadores de la Universidad de California en Los Ángeles descubrieron que las personas que meditan tienen la corteza cerebral más gruesa, mayores conexiones neuronales y procesan más rápido la información. Y lo más sorprendente: estos cambios son directamente proporcionales al tiempo de meditación; es decir, a más años de meditación mayor desarrollo del cerebro.

1. LA IMPORTANCIA DEL ENTORNO EMOCIONAL

«Todo lo que das a otros, te lo estás dando a ti mismo.»

ANTHONY DE MELLO

Las emociones no sólo importan, sino que son contagiosas. El contagio emocional es un proceso automático e inconsciente; de forma natural tendemos a imitar a los demás.

Tenemos que cuidar nuestro entorno emocional y ser conscientes del que generamos nosotros, ya que somos emocionalmente influenciables. Rodearnos de emociones positivas nos hace sentir emociones positivas, y viceversa.

Hay muchos mecanismos por los que se produce el contagio de emociones: biológicos, sociales, psicológicos; pero lo cierto es que el entorno emocional nos influye más allá de nuestra conciencia.

Según los investigadores Nicholas Christakis y James Fowler (2012), de forma natural las personas se inclinan por sincronizar y copiar muchos aspectos de la conducta que observan en otros. Además, concluyen que las personas tenemos la capacidad de influir en la felicidad de otras personas, especialmente las cercanas, pero también las que tenemos a tres grados de distancia: los amigos de los amigos de nuestros amigos. Parece increíble entender el contagio emocional casi de la misma manera que el contagio de enfermedades infecciosas.

En sus investigaciones, Barbara Fredrickson descubrió que **las emociones negativas son tres veces más potentes que las emociones positivas.** Estableció la regla 3:1; es decir, son necesarias tres experiencias positivas para anular una negativa, ya que las sensaciones negativas son tres veces más potentes que las positivas. Si una persona te ha hecho sentir triste por algún comportamiento, será necesario que experimentes con ella tres emociones positivas para compensarlo. Quizás ésta sea una llave para mejorar nuestras relaciones personales.

Como explican Goleman, Boyatzis y McKee: «Mientras que los sistemas cerrados, como el sistema circulatorio, se autorregulan y son independientes de las personas que nos rodean, los sistemas abiertos, como el emocional, se hallan en gran medida condicionados externamente». Es decir, probablemente mis emociones estén en consonancia con mi entorno; de ahí la importancia de crear entornos emocionalmente positivos para favorecer nuestro propio bienestar emocional y el de nuestros hijos, empleados y amigos.

Desde muy pronto nos enseñan a adaptarnos a las normas sociales. Eso implica aprender e interiorizar normas e intereses generales por encima de los personales. Básicamente, nos enseñan a «vivir hacia fuera»; esto es, vivir de acuerdo con las normas sociales, con lo que se debe hacer según lo que está bien visto por los demás. La mayor parte de la educación está centrada en enseñarnos a respetar al prójimo, a hablar con educación, a cuidar el lenguaje, el tono, la forma. Estos aspectos resultan completamente necesarios para vivir en sociedad, pero es una educación incompleta. No nos enseñan a «vivir hacia dentro»; es decir, a cuidarnos, a escucharnos a nosotros mismos, a cuidar el lenguaje que utilizamos cuando pensamos, a hablarnos en positivo, a sentir, a querernos o a valorarnos. Aspectos básicos que poco a poco irán forjando esa raíz del árbol llamada vida: la autoestima, y que tanto daño nos hace cuando no se ha regado bien.

Los estudios sobre el contagio emocional evidencian cómo podemos generar emociones (positivas y negativas) en los demás. Si sonreímos a alguien, probablemente generemos una sonrisa en esa persona. Y si generamos la sonrisa, es posible que estemos generando la emoción. Por lo tanto, el contagio emocional hace que las emociones viajen de fuera hacia dentro. Howard Friedman, de la Universidad de California, investigó este contagio mediante un test de comunicación afectiva. La investigación consistió en medir la capacidad de expresión emocional de un grupo de personas, y seleccionar entre ellas a las diez con mayor puntuación (mayor carisma o expresión emocional) y a las diez con menor puntuación. Las mezcló por parejas y las encerró en una habitación. Durante dos minutos podían mantener contacto visual, pero no hablar. Friedman descubrió cómo en sólo dos minutos, y sin hablar, las personas con menor puntuación habían sido contagiadas emocionalmente por las de mayor puntuación. Siempre las personas con mayor carisma y expresión emocional contagiaban a los otros (emociones positivas y negativas), nunca al revés. Así funciona el contagio emocional en nuestra vida.

Podemos decir que cada persona es la media de las personas con las que se relaciona cada día, y la energía y la pasión con que afronta la vida tienen que ver con las de las personas con las que tiene relación (Jim Rohn).

Mi amigo y escritor Francisco Alcaide afirmaba en su blog que «somos el resultado de las cinco personas con las que más nos relacionamos cada día». Sin duda, una afirmación que debe hacernos pensar varias cosas:

1. ¿Quiénes son las cinco personas con las que más me relaciono cada día?
2. ¿Qué tipo de emociones me transmiten?
3. Influencia recíproca: ¿qué tipo de emociones provoco yo en los demás?

Para generar emociones positivas en los demás, podemos comenzar por no generar emociones negativas. Antes de contaminar a otras personas con emociones negativas (enfado, ira, rabia), podemos pensar bien las cosas, aplicando los llamados «tres filtros de Sócrates». Consiste en filtrar tres veces lo que vas a decir a través de los filtros de la verdad, la bondad y la utilidad.

- ✓ *La verdad:* estar completamente seguro de que lo que vas a decir es cierto.
- ✓ *La bondad:* que lo que vayas a decir sea bueno.
- ✓ *La utilidad:* que lo que vayas a decir sirva de algo.

Puede ser un ejercicio fácil para filtrar esos impulsos fruto de emociones negativas como la ira, que a veces nos hace contagiar al entorno de forma improductiva.

2. EMOCIONES Y RAZÓN

> «No somos máquinas pensantes que sentimos, somos máquinas sentimentales que pensamos.»
>
> ANTONIO DAMASIO

Las emociones son un conjunto complejo de respuestas químicas y neuronales que forman un patrón distintivo. Se producen en el cerebro cuando detectan un estímulo (ya sea real o generado mentalmente) que desencadena la emoción y las respuestas automáticas correspondientes. Representan modos de adaptación a ciertos estímulos ambientales o de uno mismo. Es decir, tienen una función adaptativa al entorno, aunque a veces podamos creer lo contrario. No existen emociones positivas y emociones negativas; cada una tiene su función.

Las emociones preceden a la razón. Damasio defiende que los pensamientos que se relacionan con la emoción llegan después de que ésta se haya generado. Es decir: sólo después de sentir, por ejemplo, tristeza, se producen los pensamientos propios de la tristeza (desesperación, fatiga, apatía). No obstante, el debate sobre la relación emoción-razón sigue abierto.

La inteligencia emocional «es la capacidad de reconocer nuestros propios sentimientos y los de los demás, de motivarnos y de manejar adecuadamente las relaciones» (Goleman).

La esencia de la inteligencia emocional es saber usar las emociones a nuestro favor y no en nuestra contra, y regularlas para expresarlas adecuadamente, mejorando nuestras relaciones con nosotros mismos y con los demás.

Se han estudiado mucho las diferencias entre sexos en cuestión de inteligencia emocional. De forma natural la sociedad favorece la expresión emocional en la mujer y no en el hombre; por eso, desde niñas, las mujeres desarrollan una mayor empatía, algo que queda reflejado también en el tamaño de la amígdala cerebral (según las investigaciones, hasta un 18 por ciento mayor que en los hombres). Esto no quiere decir que los hombres necesariamente tengan menor inteligencia emocional, pues hay niños con mayores niveles de inteligencia emocional que algunas niñas, sino que socialmente las mujeres son más educadas en emociones que los hombres (al menos en la parte interpersonal, como la empatía).

Una de las mayores diferencias respecto al cociente intelectual (CI) es que mientras el CI se concibe como más estático, la inteligencia emocional se aprende y el cociente emocional (CE) se desarrolla durante toda la vida. Nunca dejaremos de crecer emocionalmente. Por desgracia, nuestra sociedad, y en concreto la escuela, ha priorizado hasta finales del siglo xx los aspectos intelectuales y académicos de los alumnos, convencida de que los aspectos emocionales y sociales pertenecían al ámbito privado, y que cada individuo era responsable de su desarrollo personal (Fernández Berrocal; Evans, 2002).

Hoy existe una clara relación entre el cerebro emocional y el cerebro racional. La capacidad emocional se encuentra en el sistema límbico, pero la capacidad de controlar las emociones se encuentra en el neocórtex. Antonio Damasio demostró cómo pacientes con lesiones en el cerebro emocional eran incapaces de realizar conductas que se consideran más relacionadas con el cerebro racional, como tomar decisiones. Esto es una prueba más de que emoción y razón están totalmente conectadas, preparadas para dar la respuesta más adaptativa al entorno, aunque a veces nos jueguen malas pasadas.

3. INTELIGENCIA EMOCIONAL Y SOCIAL

«Inteligencia emocional es hacer coherentes el instinto, la emoción y el pensamiento.»

ELSA PUNSET

Podemos conceptualizar la inteligencia emocional a través de cuatro habilidades básicas (Mayer y Salovey, 1997), que son:

- ✓ La habilidad para percibir, valorar y expresar emociones con exactitud.
- ✓ La habilidad para acceder y/o generar sentimientos que faciliten el pensamiento.
- ✓ La habilidad para comprender las emociones y el conocimiento emocional.
- ✓ La habilidad para regular las emociones promoviendo un crecimiento emocional e intelectual.

Dentro de la inteligencia emocional, Goleman diferencia dos dimensiones interrelacionadas, pero diferenciadas: la dimensión intrapersonal (personal) y la dimensión interpersonal (social).

Dentro de la dimensión intrapersonal, destacamos como base la *conciencia emocional*; sin tener conciencia de nosotros mismos y de nuestras propias emociones, no puede existir inteligencia emocional. También explica que dentro de esa autoconciencia se encuentran factores como la *conciencia de uno mismo*, la *valoración de uno mismo y* la *confianza en sí mismo*. Es decir, la capacidad de vernos con objetividad, la capacidad de examinar nuestras ideas y emociones de forma objetiva, y la confianza en nosotros mismos, aceptando nuestras limitaciones y apoyándonos en nuestras fortalezas.

Una capacidad de valoración de nosotros mismos lo más precisa posible nos ayuda a superar nuestras limitaciones para alcanzar el éxito. Norman Fischer afirma que «hace falta una gran confianza en ti mismo para tener la humildad de reconocer tus limitaciones, sin que eso te lleve a la culpa». Y es que para poder avanzar, construir y crear, es necesario ser conscientes de nuestras limitaciones.

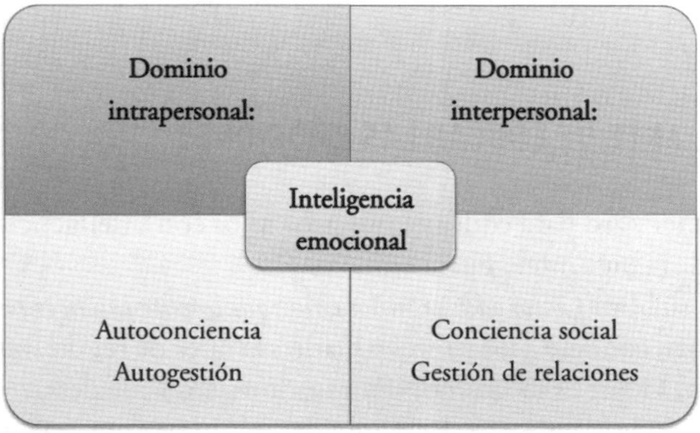

Por otro lado, en el área interpersonal (dimensión social) encontramos nuestra capacidad para relacionarnos con otras personas. Necesitamos tener conciencia emocional de las otras personas para gestionar de forma adecuada las relaciones, incluso anticiparnos. Necesitamos emociones para sentir lo que sienten otras personas (empatía) y poder entenderlas mejor. Implica el respeto por los demás, la capacidad para resolver problemas, saber comunicarse o ser asertivo.

Si en nuestra educación hemos atendido a algún elemento de la inteligencia emocional, probablemente sea a su aspecto interpersonal, por eso de priorizar el bienestar social antes que el propio. Sin duda es el momento de atender también al aspecto intrapersonal, y empezar a gestionarlo.

Hay un concepto que me parece revelador: *la flexibilidad en la respuesta.* Es la capacidad, entrenable y desarrollable, de hacer una pausa antes de actuar. Durante esa pausa, podemos elegir nuestra respuesta, cómo queremos actuar, en vez de dejarnos arrastrar por la emoción sin ejercer control, sintiéndonos víctimas (Chade-Meng Tan, 2012).

Viktor Frankl decía, precisamente, que entre el estímulo y la respuesta existe un espacio de tiempo, y que en ese momento reside nuestra libertad y nuestra capacidad para escoger la respuesta. Es decir, no somos presos de nuestras emociones; somos libres para sentir.

4. EL ARTE DE EDUCAR LAS EMOCIONES

El primer paso para educar a nuestros hijos con inteligencia emocional es tener inteligencia emocional.

En su libro *Cómo educar niños emocionalmente inteligentes*, John Gottman confiere a los padres y madres la tarea de ser un *emotional coach* o, lo que es lo mismo, «entrenadores emocionales».

Sin duda, es un reto. Reto que debe empezar por trabajar con nosotros mismos, para entrenar después estas habilidades emocionales en nuestros hijos.

Fomentar que los niños hablen de sus emociones les hace ver que expresar las emociones es algo apropiado. Somos emoción; las emociones forman parte de nosotros; no pueden suprimirse, ignorarse ni dejarse de lado. Nuestros sentimientos influyen en nuestros actos, y aunque no les prestemos atención, siguen influyendo en aquello que pensamos, hacemos o decimos (Goleman, 1998).

Para comenzar ese entrenamiento para facilitar la expresión emocional en nuestros hijos, un buen ejercicio consiste en la observación. Aprender a conocerlos, para facilitarles la gestión emocional. ¿Qué reacciones suelen tener según qué emociones? ¿Qué palabras dicen? ¿Cómo cambian su rutina en función de la emoción?

Otro paso en el entrenamiento de la expresión emocional de nuestros hijos consiste en inducirlos a hablar de sus emociones.

- ¿Cómo te sientes?
- Pareces triste, ¿es así?

- No estás actuando como sueles hacerlo, ¿te sientes bien?
- Cuando me siento preocupado, a mí tampoco me apetece hablar, pero te puede venir bien.

Por medio de preguntas de este tipo, estamos dándoles la oportunidad de conectar con sus propias emociones, y expresarlas. No se trata de presionar, y mucho menos de juzgar; se trata de mostrarnos receptivos y disponibles para ayudarlos.

#PARAPENSAR

- ✓ Entiende que somos emoción.
- ✓ Crea un entorno emocional positivo.
- ✓ Acepta las emociones como parte de tu naturaleza.
- ✓ Aprende a detectar la expresión emocional en tu cuerpo y en el de los demás.
- ✓ Parte del autoconocimiento y la conciencia emocional para poder gestionar tus emociones.
- ✓ Conoce qué estás sintiendo, y por qué.
- ✓ Sé consciente de qué emociones sientes y cuáles estás contagiando.
- ✓ Rodéate de personas positivas que te hagan sentir positivo.
- ✓ Educa las emociones de tu hijo:
  - ✓ Facilita el aprendizaje de la conciencia emocional a tus hijos.
  - ✓ Escucha a tu hijo con empatía y dale valor a sus sentimientos.
  - ✓ Desde el inicio, ayuda al niño a verbalizar sus emociones.
  - ✓ Fijar límites a tiempo es uno de los mejores aprendizajes emocionales del niño.
  - ✓ No castigues ni juzgues por la expresión emocional. Ayúdalo a entenderlas.
  - ✓ Premia sus pequeños logros y alimenta su motivación y curiosidad.
  - ✓ Fija pequeñas metas para ir avanzando.

¿Cómo has enfocado tu educación emocional hasta ahora? ¿Y la de tu hijo? ______

¿Qué tendrías que mejorar en tu vida emocional? ______

¿Qué emociones crees que contagias a las personas de tu entorno? ______

Mis notas:

Marta era una gran ejecutiva que pasaba gran parte del día trabajando. Vivía con Martita, su hija de 5 años. Cuando Marta llegaba a casa, nunca tenía tiempo para jugar con su hija. Ella siempre iba detrás de su madre para que jugara con ella a las muñecas o le contara cuentos. Marta siempre le gritaba o le decía que jugara sola. Un día, Marta se asomó a la habitación de su hija, que estaba jugando con sus muñecas. Y vio que les decía:

«¡No te muevas, Susi!»

«¡No hagas ruido, Susi!»

«¡Cómete esto, Susi!»

«¡Ahora no tengo tiempo para ti, Susi!»

«¡No puedo leerte un cuento, Susi, estoy muy cansada!»

Al ver como su hija le hablaba a sus muñecas, a Marta le brotaron dos lágrimas...

Entonces se paró a pensar si realmente era así como ella trataba a su hija...

2. ¿DE VERDAD DAMOS EJEMPLO?

«Si Dios te ha regalado un hijo, tiembla, pues no sólo serás su padre, madre o amigo, sino también su ejemplo.»

ANÓNIMO

«Sé tú el cambio que quieres ver en el mundo.»

MAHATMA GANDHI

Aprendemos por imitación (Bandura, Ross y Ross, 1961). Aprendemos a reproducir lo que vemos. Especialmente para los niños, lo que ven, escuchan o les dicen es lo que aprenden que se debe hacer o decir.

Mediante experimentos sobre imitación (Bandura, Ross y Ross), se descubrieron aspectos importantes. Por ejemplo:

- ✓ No todos los modelos son imitados en la misma medida.
- ✓ Los niños son más proclives a imitar modelos del mismo sexo.
- ✓ Cuanto más significativo sea el modelo para el niño, la imitación es más probable (Turner y Berkowitz, 1972).

Si el comportamiento de sus personas de referencia es hablar a gritos, no respetar, no saber comunicarse y no disculparse, no podemos pretender que los niños sean educados, obedezcan, hablen con respeto o escuchen cuando les hablemos.

Lo mismo ocurre en el entorno empresarial. Es sabido que uno de los secretos de los buenos líderes es dar ejemplo. Ser coherente en lo que se dice y en lo que se hace alimenta la admiración necesaria para creer y seguir.

> «Los niños son educados por lo que haces y no por lo que dices.»
>
> CARL JUNG

Goleman sostiene que «la vida en familia supone nuestra primera escuela para el aprendizaje emocional: en tan íntimo caldero aprendemos qué sentimientos abrigar hacia nosotros mismos y cómo reaccionarán otros a tales sentimientos; cómo pensar acerca de esos sentimientos y qué elecciones tenemos a la hora de reaccionar, y cómo interpretar esperanzas y temores. Esta escuela emocional funciona no sólo a través de lo que los padres dicen o hacen a los niños, sino de los modelos que ofrecen a la hora de manejar sus propios sentimientos y aquellos que tienen lugar en la propia pareja».

Es decir: no damos ejemplo a nuestros hijos o a nuestro equipo con lo que les decimos que hagan, sino con lo que nosotros hacemos, con el ejemplo que les demos.

Es el momento de sentarnos y reflexionar: ¿qué imagen estoy dando a mis hijos, a mis empleados, a mi equipo? ¿Soy verdaderamente consciente? ¿Es realmente la imagen que quiero dar? Nunca es tarde para cambiar, intentar mejorar y avanzar. Estamos acostumbrados al usual «yo soy así», «es que yo siempre he hablado gritando», «nunca he tenido necesidad de cambiar», y otras tantas respuestas que nos sirven de excusa para no esforzarnos en mejorar, en intentar hacer las cosas de otra manera. Pero el ser humano se mueve por motivos. Desde el momento en que tenemos un motivo que dirige nuestro comportamiento, todo es posible. Tu mayor motivo debe ser querer cambiar.

1. EMPEZAR POR UNO MISMO

> Conocerse a sí mismo implica desconocerse uno para, después, reconocerse.
>
> JUAN LUIS MORA (poeta)

El aprendizaje emocional debe empezar por nosotros mismos, analizando, aceptando, valorando nuestra propia realidad, para ir estableciendo objetivos e ir mejorando y potenciando nuestro desarrollo emocional y el de nuestros hijos.

Del mismo modo que no podemos educar niños felices si nosotros no somos felices, no podemos educar a nuestros hijos con inteligencia emocional si nosotros no tenemos inteligencia emocional. En nuestra vida profesional, además, debemos partir del ejemplo para ser coherentes.

Uno de los avances más destacados en la empresa de hoy es la formación de directivos en el desarrollo emocional intrapersonal. Es decir, estamos aprendiendo que no podemos liderar a otros sin primero liderarnos a nosotros mismos. Ésa es justamente la parte del desarrollo emocional que se olvidaron de mostrarnos. Aún nos queda mucho por hacer, pero es evidente que estamos tomando conciencia de la importancia del autoconocimiento y de la gestión emocional para relacionarnos de manera adecuada en el entorno laboral o personal.

Como toda habilidad, las habilidades emocionales son modificables, desarrollables y aprendidas. Ser consciente, tener un motivo y comenzar es el secreto del cambio. Si quieres, puedes.

Dicen que para incorporar una conducta como hábito bastan veintiún días de entrenamiento continuado, y ese comportamiento se quedará incorporado en nuestro registro. Es difícil ser constante si no vemos resultados; pero «constancia y paciencia alcanzan las cumbres», decía Tagore.

La percepción de control influye de forma positiva o negativa. Si la percepción que tenemos es que somos ejecutores y responsables de nuestro comportamiento y, por lo tanto, tenemos influencia en el resultado, tendremos percepción de control. Pero es bastante común el caso contrario: personas que no creen tener control sobre sus resultados, sobre su propia vida. Padres y madres que han dejado por imposible la educación del hijo, teniendo una percepción de que es incontrolable, y que, mantenida en el tiempo, puede causar indefensión aprendida (dejar de intentarlo por percepción de ausencia de respuesta), trastornos de ansiedad y, a medio-largo plazo, jóvenes con baja tolerancia a la frustración, ausencia de límites y de normas y comportamiento inconsciente e inmaduro.

En sus investigaciones en la Universidad de Míchigan, Christopher Peterson comprobó que los menores de 12 años tendían a reproducir los estilos explicativos y de comportamiento de sus progenitores. Hay que dedicar especial atención a esto, ya que los estilos explicativos que adquirimos pueden durar toda la vida.

Los estilos explicativos son las causas a las que solemos atribuir nuestros éxitos y fracasos, y, según Peterson, tendemos a reproducir el de nuestros padres y madres. La tendencia a explicar los éxitos con causas internas («yo soy capaz») estables (soy) y globales favorecen el optimismo y la consecución de logros; mientras que tender a explicar los fracasos de la misma manera desarrolla un pensamiento pesimista, la no consecución de logros y, según investigaciones de Seligman, tendencia a la depresión.

Revisar nuestros propios estilos explicativos y los de nuestros hijos, para ayudarlos a desarrollar un estilo explicativo positivo, debe ser uno de nuestros principales objetivos.

2. EL ARTE DE EDUCAR DESDE EL EJEMPLO

> «Dar ejemplo no es la principal manera de influir en los demás; es la única.»
>
> ALBERT EINSTEIN

Como madres, padres y educadores o líderes, el peso que tiene el entorno es en buena medida nuestra responsabilidad. Pero no todo es el entorno; influyen también la maduración biológica del niño y las características individuales. Por ello los niños educados en un ambiente similar con un estilo educativo igualitario tienen diferentes personalidades y herramientas psicológicas para afrontar la vida y diferentes niveles de inteligencia emocional.

Pero ¿cómo dar ejemplo? ¿Cómo comportarnos para que lo que vean nuestros hijos o alumnos sea lo mejor de nosotros, y no al contrario?

Los mayores obstáculos que podemos encontrar son, por un lado, la falta de conciencia de nuestro propio comportamiento y, por otro, pensar que no podemos cambiar.

Un ejercicio recomendado es grabarte alguna vez en un arrebato emocional, en un momento de furia o enfado extremo. ¿Qué crees que verías de ti mismo?

Eso, exactamente eso, es lo que le estamos enseñando a nuestros hijos e hijas que se debe hacer. Pero podemos servir de ejemplo. Puedes comenzar hoy.

#PARAPENSAR

- ✓ Revisa tus hábitos. Analiza qué imagen estás dando.
- ✓ Aprende a aprender del error, tanto en tu vida profesional como en la personal.
- ✓ Aprende a gestionar el fracaso.
- ✓ Aprende a sentir gratitud.
- ✓ Aprende a ser responsable y promover la responsabilidad.
- ✓ Trata de desarrollar un estilo explicativo positivo y ayuda a tu hijo a desarrollar el suyo.
- ✓ Cuando consiga cosas, ayúdalo a ver qué parte del éxito se debe a su capacidad.
- ✓ Cuando cometa errores, ayúdalo a ver qué parte de responsabilidad es suya y qué parte no lo es.
- ✓ Educamos desde el ejemplo, para bien y para mal.
    - ✓ Si lo escuchas, él te escuchará.
    - ✓ Si le expresas tu amor, lo recibirás de vuelta.
    - ✓ Si tú eres feliz, tu hijo también lo será.

¿Qué es lo que más te gusta que los demás vean de ti?

¿Qué es lo que crees que tus hijos, amigos o empleados imitan de ti?

¿Qué es lo que debes aprender o mejorar para dar un mejor ejemplo?

¿Qué cambiará/mejorará cuando lo consigas?

Mis notas:

David vivía en la ciudad con su familia, pero siempre deseaba que llegara el fin de semana para disfrutar con su abuelo en el campo.
Su abuelo siempre le enseñaba muchas cosas sobre las montañas, sobre la naturaleza y sobre él.
Pero ese fin de semana era especial, porque su abuelo prometió llevarlo a la montaña del silencio.
—¿Por qué la llaman montaña del silencio? —preguntó David.
—Por esto —le respondió el abuelo.
David se quedó asombrado de lo que podía ver desde allí.
Pero no se oía nada. De ahí su nombre.
—No me gusta el silencio —dijo David—. Me oigo a mí mismo.
—David, escucharse a uno mismo es importante.
Di algo en voz alta, y prueba.
David gritó:
—¡Soy el mejor!
El eco de las montañas le respondió:
—¡Soy el mejor! ¡Soy el mejor! ¡Soy el mejor...!
David se puso muy contento al escucharse.
—¿Lo ves? Es importante escuchar lo que te dices, David —dijo el abuelo—. Pero ten cuidado, pues, al igual que el eco, las palabras que te dices a ti mismo y las que dices a los demás volverán a ti con la misma intensidad.

3. ¿SABES COMUNICARTE?

«Si las personas han nacido con dos ojos, dos orejas y una sola lengua, es porque deben mirar y escuchar dos veces antes de hablar.»

Madame de Sévigné

Uno de los mayores errores que conozco en el desarrollo de habilidades de comunicación, sobre todo en las organizaciones, es pensar que comunicarse bien consiste en hablar bien.

Dicho de otra manera: ¿sabes escuchar? En esto consiste la verdadera comunicación.

Podríamos hablar de cómo comunicarnos, la entonación, la comunicación verbal y no verbal..., pero son elementos tan comunes que podemos encontrarlos en cualquier libro. Te invito a reflexionar sobre otras cuestiones, quizá menos conscientes y más generadoras de cambio.

1. APRENDER A ESCUCHAR

«De escuchar procede la sabiduría; de hablar, el arrepentimiento.»

Proverbio italiano

Dicen que el que mejor sabe comunicarse es el que mejor escucha. Escuchar es, sin duda, la mejor forma de empezar a comunicarnos. Escuchar es una de las habilidades más importantes de un buen líder, de un padre, de una madre o de un profesor.

No es lo mismo oír que escuchar. Esto último implica una voluntariedad de dedicar nuestra atención a la persona o personas que hablan. Pero existe un tercer grado, una forma de escuchar que va más allá del mero hecho de prestar atención a alguien: lo que llamamos escucha activa.

Hay una diferencia importante entre la escucha activa y los otros tipos de escucha: para tener escucha activa, hay que querer escuchar. Esto es, tener una predisposición psicológica a la escucha, a atender, a comprender a la otra persona. Por lo tanto, no vale cualquier momento; tenemos que prepararnos para escuchar. Algo muy difícil en la era de los *smartphones* y los temidos WhatsApp o Line, que interrumpen cualquier intento de conversación. En este sentido, por educación, protocolo y salud mental tenemos que reeducarnos.

Otro de los elementos importantes para hacer escucha activa es tener un motivo o interés. A veces ese motivo es intrínseco; es decir, viene de dentro. El simple hecho de querer ayudar, de apoyar a alguien que te importa, es suficiente.

Peter Drucker decía que «ser maravilloso con las personas significa escucharlas bien». Y así es, ya que a todos nos gusta que nos escuchen, cuando realmente sientes que conectas con alguien, cuando te hace sentir importante y cuando guardas un buen recuerdo emocional de otra persona.

Si no entiendes las emociones que hay detrás de las palabras, no escuchas. Escuchar de forma activa requiere atender a lo que se dice de forma verbal, a lo que no se dice pero se transmite de forma no verbal, y a la emoción que se encuentra detrás de lo que se quiere decir. Así, en principio, parece complicado. Y en realidad lo es. Fundamentalmente porque requiere el ciento por ciento de nuestra atención. Te invito a pensar lo siguiente: ¿cuántas veces has realizado escucha activa en el día de hoy? ¿Y esta semana? Es muy probable que pocas veces, y si lo has hecho, seguro que eres capaz de definir qué motivación tenías para hacerlo.

2. HERRAMIENTAS PARA COMUNICARNOS BIEN

> «Ayudadme a comprender lo que os digo, y os lo explicaré mejor.»
>
> ANTONIO MACHADO

Para escuchar se requiere, además, tener ciertas habilidades, como utilizar de forma adecuada el *feedback*, la empatía y la asertividad.

El *feedback* o retroalimentación es un elemento importante, ya que de alguna manera (verbal, no verbal, con silencios) devolvemos a nuestro interlocutor información que hemos recibido, con el objeto de que nos confirme si lo estamos comprendiendo adecuadamente. Utilizar el *feedback* con nuestros hijos, nuestra pareja o nuestro equipo, es tan importante como no dar por hecho cosas, no prejuzgar y no criticar sin tener toda la información. Algunos ejemplos para dar *feedback* serían: «¿Me estás queriendo decir que...?», «¿Qué implica exactamente eso para ti?», «¿Quieres decir que...?».

Heinz Kohut dice que la **empatía** «es la capacidad de pensar y sentir la vida interior de otra persona como si fuera la propia». En la actualidad, diferentes investigaciones en neurociencias distinguen varios tipos de empatía, aunque con la misma raíz: tener la capacidad para ponerse en el lugar de otra persona. Un tipo de empatía, llamada empatía cognitiva, se define como la capacidad de entender lo que siente otra persona. Según las investigaciones, es un tipo de empatía mayoritariamente masculina, aunque eso no significa que no haya hombres que tengan la capacidad de sentir otro tipo de empatía, como la empatía emocional, mayoritariamente femenina. Este tipo de empatía hace que las personas sientan como siente la otra persona, existiendo, por lo tanto, mayor implicación emocional y, también, mayor sufrimiento.

No hace mucho la neurociencia reveló la existencia de una variedad diferente de neuronas cerebrales, las llamadas neuronas espejo, que registran el movimiento que otra persona está a punto de hacer y sus sentimientos, y nos predisponen instantáneamente a imitar ese movimiento y, en consecuencia, a sentir lo mismo que ella. Estas neuronas, fuente de la empatía, nacen de forma natural en nuestro cerebro; su descubrimiento, de la mano de Rizzolatti, es uno de los mayores de nuestra época.

Helen Fisher, prestigiosa antropóloga estadounidense, afirma que las personas que captan o detectan mejor las emociones y los sentimientos de los demás (es decir, tienen empatía) son más altruistas y generosas, porque se sienten más implicadas en la vida del otro. Más presencia de valores como la empatía o la gratitud en el mundo en que vivimos haría sin duda de éste un lugar mejor.

Es esencial vincular la empatía con la comunicación: no podemos comunicarnos (ni escuchar) de forma activa y real si no entendemos, comprendemos o sentimos lo que la otra persona está sintiendo, está viviendo. A mayor empatía, mayor capacidad de escucha.

Y entonces aparece la **asertividad**.

La asertividad es una herramienta de comunicación que facilita la expresión de emociones y sentimientos. Es la capacidad de transmitir una información de forma directa y clara, diciendo lo que se piensa y se siente, pero atendiendo también al bienestar de la otra persona. Es decir, no vale la sinceridad sin escrúpulos. La asertividad se plantea en un continuo que va desde la parte más pasiva de la comunicación (no decir lo que piensas o sientes por miedo a molestar a los demás) hasta la parte más agresiva de la comunicación (decir lo que piensas y sientes sin importarte cómo le afecta a los demás), donde la asertividad se situaría en un plano intermedio.

Dice Walter Riso que cada vez que ejercemos el derecho a expresar nuestras opiniones y sentimientos, el yo real crece y se afianza. Tenemos una retroalimentación positiva de nosotros mismos, fortaleciendo el amor propio y la dignidad. Es decir, ser asertivos aumenta nuestra autoestima. Enseñando a nuestros hijos a ser asertivos, los estamos ayudando a tener una valoración más positiva de sí mismos.

Para ser asertivos tenemos que sentir empatía, que nos permitirá anticiparnos y graduar nuestras palabras en función de las personas con las que nos comunicamos.

El psicólogo Haim Ginott desarrolló el modelo XYZ para favorecer la comunicación eficaz, en este caso la asertividad. El método consiste en expresar lo que sentimos, además de explicar cómo nos gustaría sentirnos. Sería una estructura del tipo: «Cuando haces X, me haces sentir Y, aunque me habría gustado sentir Z». Por ejemplo: «Cuando no me haces caso, me siento mal, y me gustaría sentir que realmente te importo».

Según la PNL (Programación Neurolingüística) nuestro cerebro no entiende el no. Parece ser que «No vayas en moto» le infunde al otro la idea de ir en moto, aunque ni se le hubiera ocurrido. Se recomienda por ello hablar en positivo, y no en negativo, construyendo las frases en positivo, en afirmativo, potenciando el sí en vez del no. Estos elementos son esenciales para nuestro desarrollo social y emocional, y el de nuestro entorno, ya que nos permitirá tener las habilidades básicas para comunicarnos de forma adecuada y tener la anhelada coherencia interna de sentir, pensar y actuar, a la vez que respetar nuestro entorno social.

3. ¿SABES COMUNICARTE... CONTIGO?

> Si hablásemos a los demás como nos hablamos a nosotros mismos, no tendríamos amigos.
>
> MARIO ALONSO PUIG

La mayoría de la formación en habilidades de comunicación refleja perfectamente la forma de comunicación en nuestra sociedad: cómo comunicarnos con los demás, aprender a hablar de forma asertiva, desarrollar la empatía, realizar escucha activa, etcétera. Todo ello siempre orientado a comprender a los demás, entenderlos, ponernos en su lugar, anticiparnos para hablarles de una forma correcta.

Éste es un aprendizaje necesario para vivir en sociedad, y respetar el bienestar y la integridad de los demás, regulando nuestra forma de comunicar para mejorar el mundo.

Pero ¿nos hemos planteado alguna vez aprender a hablarnos a nosotros mismos de la misma forma, con el mismo cuidado, que tenemos para con los demás?

Te invito a reflexionar: ¿qué palabras usas cuando te hablas a ti mismo? ¿Eres verdaderamente consciente? ¿La forma en la que te comunicas contigo mismo es la adecuada, o te hace daño?

Según la Programación Neurolingüística (PNL) son nuestros pensamientos los que rigen nuestras acciones. Por ello es fundamental pensar en positivo y utilizar palabras que nos potencien, y no que nos limiten. Se ha comprobado que la forma en que nos comunicamos con nosotros mismos determina en gran medida nuestro éxito en la vida.

La PNL afirma que *la vida no es lo que nos pasa, sino la percepción que tenemos de lo que nos pasa*. Y es una gran verdad. Si ante una dificultad reaccionamos diciéndonos: «Todo me pasa a mí», «No voy a salir de ésta», «Me lo merezco por confiar», estamos haciendo una interpretación negativa de una situación que, aunque no lo parezca, también puede tener una interpretación positiva, como: «Ya lo sé para otra vez», «He aprendido que no puedo hacerlo todo a la vez» o «He sido coherente; he hecho lo que me ha pedido el corazón».

Como decía Henry Ford, «tanto si crees que puedes como si no, estás en lo cierto». Es nuestra expectativa de autoeficacia la que determina nuestro éxito.

La expectativa de autoeficacia es una expectativa de logro, de consecución de objetivos, que gestionamos y dirigimos nosotros mismos mediante el pensamiento.

Albert Bandura, psicólogo canadiense, lo llama «sentimiento de la propia eficacia». Dice que «nada influye más en nuestro comportamiento que la idea que tenemos acerca de nuestra capacidad para hacer algo».

Estas creencias son importantes porque influyen en cuánto esfuerzo ponemos en la actividad, cuánto tiempo perseveramos en ella y en la motivación para su consecución.

El proceso se retroalimenta solo, así:

Snyder sostiene que «las expectativas favorables configuran la determinación que nos impulsa a perseguir lo que deseamos y a mantener nuestro esfuerzo para conseguirlo. Esta determinación fomenta pensamientos como "yo puedo", "estoy preparado" o "tengo todo lo que necesito para conseguirlo"».

Así, si nos hablamos en positivo, y el lenguaje que utilizamos para con nosotros mismos es positivo, nos transmitimos confianza en nuestras propias capacidades. Nuestro esfuerzo por conseguir el objetivo aumenta, y aumentan también, por simple estadística, las probabilidades reales de conseguirlo. Si lo conseguimos, el proceso se refuerza, ya que nuestra retroalimentación, o *feedback*, es positiva, y la próxima vez tendremos más confianza en nosotros mismos.

Si nos hablamos en negativo, y el lenguaje que utilizamos para con nosotros mismos es limitador y destructivo, nos transmitimos falta de confianza en nuestras propias capacidades. Nuestro esfuerzo por conseguir el objetivo es cada vez menor, y cada fracaso o error no hace sino retroalimentarnos de forma negativa, menguando la confianza en nuestras propias capacidades y posibilidades, hasta desistir.

Una vez vistos estos dos procesos de comportamiento dirigidos por el pensamiento, por la forma en la que nos «hablamos», pensemos una cosa: ¿quién elige la forma en la que piensas?

¿Quién decide el lenguaje que utilizas contigo mismo? Efectivamente, lo eliges TÚ.

Hay que invertir el mismo esfuerzo para pensar en negativo o en positivo. Elige bien.

4. EL ARTE DE EDUCAR LA COMUNICACIÓN POSITIVA

> «Quien eres habla tan fuerte que no puedo oír lo que dices.»
>
> ANÓNIMO

La educación de los niños se basa en el ejemplo. Una vez más, debemos comenzar por reeducarnos a nosotros mismos, en nuestra forma de comunicarnos, para poder educar a los demás. En la mayoría de los casos, la forma que utilicemos para comunicarnos es la forma que aprenderán como idónea.

Debemos aprender a escucharlos, dar valor a sus sentimientos, ya que eso los ayuda a forjar una autoestima sana. Como dice el doctor Mario Alonso Puig: «Una persona que no se siente escuchada no se siente respetada. Y cuando no nos sentimos valorados ni respetados, la confianza en nosotros mismos y en los demás queda afectada, y gobiernan los complejos de inferioridad».

Igualmente, debemos detectar la comunicación negativa en nuestros hijos y ayudarlos a traducirla en positiva, generando mensajes de autoeficacia y capacidad. De este aprendizaje dependerá gran parte de su éxito en la vida.

#PARAPENSAR

- ✓ Vemos lo que queremos ver.
- ✓ Debemos aprender a construir frases en positivo.
- ✓ Evitemos el excesivo uso del NO, especialmente con nuestros hijos.
- ✓ Comunicarnos de forma asertiva incrementa la autoestima. Enseñar asertividad desde pequeños la afianza.
- ✓ Mostremos empatía. Aprender a «ponerse en el lugar del otro».
- ✓ Demos *feedback* o retroalimentación.
- ✓ Aprendamos a hablarnos de forma positiva.
- ✓ Detectemos pensamientos o verbalizaciones negativos hacia nosotros mismos y sustituyámoslos por verbalizaciones positivas.
- ✓ Escuchemos de forma activa, poniendo todos los sentidos en la persona que habla: escuchar qué dice, cómo lo dice, qué no dice, y el sentimiento que hay tras lo que dice.

¿Qué es lo que mejor sé hacer en el proceso de comunicación? ¿Cuál es mi punto fuerte (escuchar, entender, empatizar, no juzgar, transmitir...)? ______________________

____

¿Qué es lo que debo aprender o mejorar para mejorar la comunicación con mis hijos, alumnos, equipo, entorno? ____

____

____

¿Qué cambiará/mejorará cuando lo consiga? __________

____

____

¿Cómo me comunico conmigo mismo? ______________

____

____

¿Qué frases me digo de forma automática que tendría que cambiar? ______________________________________

____

Mis notas:

*Silver era un robot de última generación que vivía
en una fábrica de ingeniería robótica y otros inventos.
Su trabajo en la fábrica era aburrido, y estaba totalmente
prohibido pasar de «la puerta azul».
La puerta azul era la salida al exterior. Ningún robot
había salido nunca, pero cada vez que pasaba frente a ella,
la miraba con gran curiosidad.
Su trabajo rutinario consistía en colocar piezas de metal
donde los humanos no podían, ya que su principal cualidad física
era estirar brazos y piernas hasta límites insospechados.
Un día, al pasar cerca de «la puerta azul», ¡estaba abierta!
Silver miró a un lado y a otro, pero humanos y robots estaban
tan metidos en su trabajo que no se dieron cuenta
de lo que estaba a punto de suceder. Silver la cruzó.
Cuando salió de la fábrica se asustó. Nunca le habían dicho
lo que podía haber más allá de la fábrica.
De pronto sintió un fuerte golpe a sus espaldas; la puerta se había
cerrado. Ya no podía volver atrás. Se sorprendió de la sensación
de pisar la hierba. ¿Por qué nadie había salido al exterior?
¿Por qué dicen que es peligroso?
Silver se sentía distinto, alegre de ver tantos colores.
Los humanos le habían inculcado miedo. Le habían
hecho creer que su mundo era la fábrica, un mundo gris,
y ahora se daba cuenta de que no era así.
Sus circuitos tenían una gran agitación, y un recorrido
extraño invadía su cuerpo de metal.
Nunca le habían dicho que podía sentir...*

4. APRENDER A SENTIR

«Las personas que comparten y expresan sus sentimientos se adaptan mejor a los cambios.»

LUIS ROJAS MARCOS

«Otorga a cada palabra raíces en el corazón.»

ALEJANDRO JODOROWSKY

Desde que nacemos, venimos preparados para sentir y expresar emociones positivas, pues éstas favorecen el apego y las conductas de crianza que nos van a asegurar la supervivencia. De hecho, nadie nos enseña a sonreír, y tendemos a expresar las emociones de forma instintiva desde el primer día de nuestra vida.

Ya Darwin, en su obra *El origen de las especies*, defendía esa naturaleza innata de las emociones, que además comunicamos a los demás con gestos y expresiones faciales.

Las emociones positivas estimulan el desarrollo personal y profesional, potenciando la consecución de los resultados. Por el contrario, las emociones negativas las limitan.

La base de la inteligencia emocional está, según Goleman, en la autoconciencia emocional. Aprender a sentir para aprender a gestionar nuestras emociones. Enseñar a nuestros hijos a sentir para que aprendan a gestionar sus emociones. ¿Comenzamos?

1. ATENCIÓN PLENA

«Si no miramos, el resto del mundo es invisible.»

ELSA PUNSET

Educarnos para aprender a ver lo extraordinario en lo ordinario, los pequeños momentos, los pequeños placeres. Hacer de lo cotidiano algo mágico.

Disfrutar de un atardecer mientras vamos en coche, parar cerca del mar a respirar, inventar una historia de cada persona que pasa. En definitiva es aprender a vivir, aprender a disfrutar de lo que nos rodea, tomando conciencia de cada pequeña cosa que habita en nuestro alrededor.

Con esa base nace el *mindfulness*, la práctica de la atención plena, que se fundamenta en esta premisa básica: la manera en la que prestamos **atención al momento presente** puede mejorar directamente el funcionamiento del organismo y del cerebro, nuestras emociones y pensamientos y, por ende, nuestras relaciones interpersonales (D. Siegel).

La atención plena es el hábito de observar con objetividad nuestras experiencias. Focalizar la atención:

1.º En nuestro cuerpo.
2.º En la experiencia emocional.
3.º En el pensamiento.

El primer paso para entrenar la inteligencia emocional es entrenar la atención. De ahí los entrenamientos en *mindfulness* desde años escolares, porque benefician el desarrollo de la gestión emocional, el bienestar y la felicidad.

El Programa en Inteligencia Emocional Plena (PINEP) es un buen ejemplo de ello (Ramos, Recondo y Enríquez, 2012).

El programa se basa en incluir la práctica de la atención plena como herramienta potenciadora de la inteligencia emocional; esto es, gestionar de una forma eficaz las emociones aplicando la atención plena.

Aplicar la atención plena a las emociones es una fantástica forma de entrenar la inteligencia emocional, porque nos facilita experimentar las emociones con mayor claridad y transparencia, entender qué interpretaciones hacemos de las emociones y elegir la reacción a las mismas.

Basándose en las categorizaciones de Salovey y Mayer, el propio programa indica trabajar la inteligencia emocional plena desde cuatro ámbitos:

Fuente: Ramos, Recondo y Enríquez (2012).

Percepción y expresión emocional: es la capacidad de reconocer conscientemente nuestras emociones y saber qué sentimos. Aquí entraría nuestra capacidad para etiquetar las emociones. Es necesario aprender a detectar qué emociones sentimos; cómo las expresan nuestro cuerpo y nuestra mente, y ponerles un nombre.

Comprensión emocional: es la habilidad de comprender la información emocional. Para comprender las emociones de los demás, es necesario comprender primero las nuestras.

Facilitación emocional: es la capacidad de utilizar las emociones al servicio del pensamiento, lo que nos va a permitir tomar mejores decisiones y razonar de forma más inteligente, uniendo la emoción con la razón.

Regulación emocional: es la habilidad de estar receptivo a las emociones y modularlas, gestionando las emociones positivas y negativas para nuestro beneficio. Podemos conseguirlo mediante diálogo interno, relajación y afirmaciones positivas.

Este entrenamiento en atención plena consta de los siguientes pasos: atención a la respiración, a los sentidos, a las expresiones del cuerpo, al movimiento, a la mente y a las actividades de nuestra vida cotidiana (Ramos, Recondo y Enríquez, 2012).

La atención plena crea una distancia mental entre nosotros mismos y nuestra propia conducta. Esta *postura de observador* incrementa la autoconciencia y la oportunidad de escoger y dirigir las propias acciones. De hecho, la atención plena nos permite impulsar nuestras fortalezas globales y actuar sobre ellas (Suzann Pileggi, 2008).

El entrenamiento inicial se puede ir realizando de forma gradual, comenzando por focalizar la atención en la respiración dos minutos cada día, e ir ampliando gradualmente, hasta que disfrutar de los momentos de atención plena se convierta en una filosofía de vida.

2. GESTIONAR LAS EMOCIONES

> «Cualquiera puede enfadarse, eso es algo muy sencillo. Pero enfadarse con la persona adecuada, en el grado exacto, en el momento oportuno, con el propósito justo y del modo correcto, eso, ciertamente, no resulta tan sencillo.»
>
> ARISTÓTELES

¿Para qué gestionar las emociones? Ahora que sabemos que las emociones forman parte de nuestra vida, y que bien gestionadas nos ayudan a conseguir el éxito personal y profesional, llegó la hora de aprender cómo vivirlas, sentirlas y pensarlas para ser más felices.

La gestión emocional se centra en tener conciencia de uno mismo (atención plena), someterse a autoobservación y comprensión (emociones) y dirigir el propio comportamiento (pensamiento). La gestión emocional debería preceder a la enseñanza académica en la escuela, y en la vida (Goleman, 2011; Punset, 2012).

Richard Davidson afirma que es necesario educar a los niños a gestionar sus emociones porque, entre otras cosas, las emociones negativas interfieren en su capacidad de aprendizaje. Diferentes investigaciones han demostrado como enseñar a los niños a entender y gestionar sus emociones los ayuda a aprender mejor. Jessica Peters y Pat Chamberlain (2011) investigaron como los niños que desarrollan autorregulación cognitiva y emocional tienen mejor desempeño escolar y adaptación social. Tenemos pruebas suficientes que nos hacen creer en la eficacia de la educación emocional para el desarrollo del bienestar y la consecución de mayores éxitos. Es por eso que debemos desarrollar programas específicos para ello.

El *mindfulness*, o entrenamiento en atención plena, puede permitirnos conectar nuestra parte emocional con nuestra parte racional, aprendiendo a ser observadores participantes de nuestra propia experiencia emocional. Ésta es la base del entrenamiento más eficaz para el desarrollo de la inteligencia emocional.

Los dos componentes clave del *mindfulness* son:

- ✓ Mantener la atención en la experiencia presente. Es decir, observar de forma consciente lo que se está viviendo, y desarrollar la capacidad de autorregular la atención. Esto nos lleva a actuar con conciencia.
- ✓ Mantener una situación de curiosidad, apertura y aceptación de la propia experiencia. No se trata de juzgar lo que sentimos, sino de sentir la experiencia, aceptarla, describirla para ser consciente y dejarla ir.

En los niños, el entrenamiento en atención plena los ayuda en lo académico, mejorando la atención y la concentración, y en lo emocional, mejorando el autoconcepto, reduciendo la agresividad y mejorando el estado de bienestar.

Como todo aprendizaje, requiere de entrenamiento. Según Matthieu Ricard, monje budista, con sólo diez minutos cada día podemos aprender a desarrollar la atención plena y la adecuada gestión emocional.

El segundo paso para la gestión emocional es observar y comprender nuestras emociones. No podemos pensar que «somos nuestras emociones». Las emociones son simplemente aquello que sentimos, no nosotros mismos. Así, pasaremos a percibir las emociones de lo existencial (soy) a lo emocional (siento). Mucho más fácil de modificar, cambiar o sustituir (Chade-Meng Tan).

Si «yo soy lo que siento», entonces «la emoción soy yo», y, como algo inherente a mí, poco puedo hacer para gestionarla. Si la emoción es algo que experimenta y siente mi cuerpo, la percibo como algo externo, y es más fácilmente modificable.

Para saber lo que sentimos, es indispensable el etiquetado emocional; ponerle nombre a nuestras emociones y unir emociones a palabras. Nuestro papel como *emotional coach* o entrenadores emocionales de nuestros hijos debe ayudarlos a ponerle nombre a eso que sienten para poder gestionarlo.

Las seis emociones básicas según Paul Ekman serían:

- ✓ Alegría
- ✓ Tristeza
- ✓ Miedo
- ✓ Enfado
- ✓ Sorpresa
- ✓ Ira

El etiquetado emocional debería comenzar por distinguir entre las emociones básicas, para después poder expresar cada emoción con más detalle; por ejemplo, expresar alegría con palabras como *felicidad*, *satisfacción*, *optimismo*, *calma* o *euforia*.

Sabiendo qué sentimos, nos entenderemos mejor a nosotros mismos, y podremos comunicar mejor nuestros sentimientos a los demás para que nos entiendan. Facilitando que nuestros hijos aprendan a unir emociones a palabras, podremos entenderlos mejor y ayudarlos en la gestión de sus emociones.

El tercer paso para la gestión emocional consiste en dirigir nuestro comportamiento mediante la gestión de nuestros pensamientos. Realmente no nos emociona lo que nos ocurre, sino cómo interpretamos lo que nos ocurre.

Lo que pensamos y cómo nos comportamos cambia nuestro cerebro. Igualmente, los pensamientos positivos generan emociones positivas, y los pensamientos negativos generan emociones negativas. Podemos aprender a detectar cómo estamos pensando, y cambiar de pensamientos con más facilidad.

El entrenamiento cognitivo emocional consiste en aprender a desatender cosas que no queremos atender para concentrarnos en lo que sí nos interesa. Es aprender a percibir, aprender a pensar, para potenciar las emociones positivas mediante los pensamientos positivos. Es entrenar nuestro cerebro en positivo.

Tenemos un cerebro programado para sobrevivir, que tiende a agrandar las emociones negativas, aunque sea paradójico, en defensa propia. De alguna manera, distorsiona nuestra visión del mundo, funcionando de filtro en negativo; vemos lo que nuestro cerebro quiere ver. Si somos conscientes de ello, podemos gestionar esas emociones y pensamientos, y potenciar una mirada más constructiva, adaptativa a las diferentes situaciones que vivimos.

3. EL ARTE DE ENSEÑAR A SENTIR

La familia es el primer núcleo de desarrollo emocional del niño, desde donde tenemos que establecer las bases de su salud emocional y su felicidad.

Crear un entorno emocionalmente positivo le va a permitir desarrollar su potencial, sentir y expresar sus emociones de forma natural y positiva, y construir una autoestima estable basada en el afecto y la aceptación de sí mismo y de su entorno.

Las madres y los padres tienen un papel importante como guías de desarrollo de la regulación emocional de sus hijos. Deben ser un referente para ayudar a sus hijos a desarrollar la inteligencia emocional, aprender a gestionar sus emociones y enseñarlos a sentir. Difícil tarea para quien no lo ha aprendido. Por ello, también en la gestión emocional, debemos comenzar por nosotros mismos. El primer paso para desarrollar nuestra inteligencia emocional es tomar conciencia de nuestras emociones. Una vez más, la mejor forma de enseñar educación emocional es desde el ejemplo.

#PARAPENSAR

- ✓ Enseñar a sentir es enseñar a recibir. El afecto y el amor son vitales, especialmente en los primeros años, y a lo largo de nuestra vida.
- ✓ El primer paso para aprender a sentir es aprender a prestar atención.
- ✓ Vamos a prestar atención a lo que elijamos: respiración, sonidos, imágenes, caricias... Poco a poco lo iremos consiguiendo.
- ✓ Aprendamos a identificar las emociones: detectarlas y etiquetarlas.
- ✓ Fomentemos emociones positivas, haciendo y pensando cosas que nos gusten.
- ✓ Pensemos en positivo para generar emociones positivas.
- ✓ Utilicemos diferentes tipos de música para generar distintas emociones.
- ✓ Elijamos un espacio en casa que sea un «rincón de paz», reservado para respirar, pensar, sentir.

Vamos a experimentar una emoción positiva. Intenta rescatar algún recuerdo que te produzca felicidad. ¿Cómo se manifiesta la emoción? ______

______

______

Cierra los ojos y disfruta de ti. De lo que sientes, de cómo te sientes, sin intentar modificar nada ______

______

______

¿Cómo expresas el amor a tu hijo? ¿Y a las personas que te rodean? ______

______

______

¿Cómo podrías gestionar mejor tus emociones? ¿Y ayudar a tu hijo a gestionarlas? ______

______

______

Mis notas:

La ardillita Zigi era un poco lenta y débil en su trabajo de recoger bellotas. El jefe ardilla, al contrario que el resto de las ardillas, tenía mucha paciencia con ella.
Pero un día el jefe ardilla decidió que había que poner una solución al problema de Zigi, ya que retrasaba todo el trabajo, y además, Zigi no llevaba bien la burla de sus compañeras.
El trabajo de las ardillas consistía en llevar las bellotas que encontraban al hueco del gran árbol.
Un día, durante el descanso, el jefe ardilla llamó a Zigi.
—Voy a ayudarte de una vez por todas! —le dijo—.
Vas a llevar todo este montón de bellotas al gran árbol.
Meterás todas las bellotas en este cesto, y tirarás de él hasta llegar allí. Pero, además, lo harás con los ojos tapados.
Zigi, sorprendida, hizo lo que el jefe ardilla le decía.
Se tapó los ojos, agarró el cesto, e intentó arrastrarlo.
—¡No puedo!—repetía la ardilla.
—¡Sí puedes! ¡Eres una ardilla muy valiente y fuerte! —repetía el jefe ardilla.
La ardilla, cansada, arrastraba el cesto.
—¡Ya estás a medio camino, Zigi! ¡Vamos, continúa! ¡Eres una ardilla fuerte! —le repetía el jefe ardilla.
Pero la ardilla Zigi, cansada, se desplomó en el suelo.
—Lo siento, no lo he conseguido... ¡Te he decepcionado, jefe ardilla! —le dijo Zigi.
El jefe ardilla se acercó a ella y le destapó los ojos. Y le dijo:
—Enhorabuena, Zigi. No sólo has llegado al árbol, sino que has conseguido llegar al segundo árbol.
Zigi, feliz, confesó que, si no hubiese sido porque el jefe ardilla creía en ella, jamás lo habría conseguido.

5. CREER ES CREAR. EL EFECTO PIGMALIÓN

«Trata a las personas por lo que son capaces de hacer, y las ayudarás a convertirse en lo que son capaces de ser.»

GOETHE

Somos, en gran parte, lo que creemos que somos. Y también influimos, en gran parte, en que los demás sean lo que creemos que son. En el caso de los niños, esta influencia es mayor, si cabe. He aquí la fuerza de la expectativa.

Ser consciente de nuestra influencia en los demás nos va a ayudar a ejercer una influencia positiva mediante la expectativa. El *creer para crear*. El aprender a reconocer, a valorar, para ayudar a crecer. En definitiva, el *creer para ver*.

1. EL PODER DEL RECONOCIMIENTO

«La memoria del reconocimiento recibido y brindado a lo largo del tiempo es el mayor tesoro que como personas podemos albergar.»

LEVY

La importancia de reconocer y valorar (reforzar) ciertas conductas que pretendemos instaurar o mantener en las personas tiene su origen en los más antiguos experimentos sobre psicología conductual de la mano de Thorndike y Skinner. A principios del siglo XX, el primero descubrió la *ley del efecto*: «Cualquier conducta que produzca un resultado satisfactorio tendrá mayor probabilidad de repetirse en un futuro» (después siguieron experimentos sobre condicionamiento y análisis de los tipos de refuerzo aplicables, con Pavlov y Skinner, entre otros).

William James decía que, en el núcleo de su personalidad, los seres humanos tienen la necesidad de ser apreciados. Como necesidad, se convierte en expectativa; de alguna manera, esperamos que se nos reconozca aquello que hacemos bien, como medio de crecimiento y desarrollo.

El reconocimiento, en la empresa y en la vida, ayuda a las personas a seguir avanzando, a creer en ellas mismas, a desarrollar su potencial y a crecer. Más allá del resultado, tenemos que aprender a valorar el esfuerzo y el compromiso, y perder el miedo a expresarlo, pues, como todos los sentimientos, si no se expresa, no sirve de nada.

Cuando sentimos el reconocimiento de otras personas, tenemos mayor autoestima, una actitud más positiva, mayor confianza en nosotros mismos y en nuestras posibilidades, mayor compromiso y desarrollamos mejor nuestro trabajo. Sin duda, todos ellos efectos positivos que deben alentarnos a expresarlos más.

Claude Steiner recogía, allá por el año 1971, el concepto de *economía de las caricias*. La esencia del concepto es que para desarrollarnos necesitamos la caricia externa. La caricia no sólo como caricia física, sino como un reconocimiento, una mirada, un poco de atención, un *feedback*, una sonrisa o un mensaje. Esto puede explicar que cuando las personas, y en especial los niños, no sabemos cómo obtener caricias positivas, hacemos lo posible por obtenerlas negativas, antes que no obtener nada. He aquí la importancia de la respuesta, de la retroalimentación; nuestra necesidad imperiosa de vernos reflejados en el otro, para autoafirmarnos.

Reconocer los avances, valorar el esfuerzo, y no sólo el resultado, es un elemento indispensable para educar la seguridad y la autoestima positiva. A veces nos encontramos ante creencias erróneas, como el hecho de no reforzar comportamientos porque consideramos que son «su obligación», o pensar que vamos a fomentar que se confíe, y ya no lo hará más. Nada más lejos de la realidad.

2. LA FUERZA DE LA EXPECTATIVA

«Creer posible algo es hacerlo cierto.»

FRIEDRICH HEBBEL

Creer en uno mismo es lo que realmente nos permite conseguir logros. Creer es confiar, y confiar es crear.

La fuerza de voluntad y las expectativas favorables configuran la determinación que nos impulsa a perseguir lo que deseamos y a mantener nuestro esfuerzo para conseguirlo. Esta determinación fomenta pensamientos del tipo «yo puedo», «lo intentaré», «estoy preparado» o «tengo todo lo que necesito para lograrlo».

Según las neurociencias, incluso antes de que algo suceda, el cerebro ya ha realizado una predicción sobre el desenlace más probable. Según la psiquiatra Regina Pally, «aprendemos del pasado lo que debemos predecir para el futuro, y luego vivimos el futuro predicho». Es decir, de alguna manera generamos la expectativa sobre lo que va a pasar en función de nuestra experiencia pasada.

Daniel Goleman, en su libro *Inteligencia emocional*, pone el siguiente ejemplo, digno de mencionar aquí:

«¿Qué harías en el caso de que acabaras de saber que has suspendido un examen parcial en el que esperabas sacar un notable? La respuesta a esta pregunta depende del nivel de expectativas. Los estudiantes universitarios con un alto nivel de expectativas contestaron que trabajarían duro, y pensaron en todas las opciones para poder aprobar el examen final. Los estudiantes con bajo nivel de expectativas se desalentaron y pensaron en renunciar a presentarse al examen final». En función de nuestras expectativas, la misma realidad nos hará actuar de una manera constructiva (intentándolo otra vez) o destructiva (abandonando el objetivo).

C. R. Snyder, psicólogo de la Universidad de Kansas, demostró en un estudio que, además, el nivel de expectativas que tenían los estudiantes era mejor predictor de resultados que cualquier test usado. Concluyó que «los estudiantes con expectativas altas se ponen metas más altas, y saben qué tienen que hacer para alcanzarlas (se motivan a sí mismos, son flexibles y creativos para alcanzar sus metas y descomponen los objetivos en pequeños pasos). Lo que justifica las diferencias en el rendimiento académico entre personas con similar CI es su nivel de expectativas».

Si esperamos conseguir un objetivo aplicando los conceptos de expectativa y de autoeficacia, dedicaremos más tiempo y esfuerzo a conseguirlo que si no lo esperamos; situación en la que la menor dificultad reafirmará nuestra expectativa y abandonaremos. En nuestra vida profesional y personal, ser conscientes de nuestras expectativas nos facilitará gestionarlas para conseguir mejores resultados.

En las investigaciones sobre el *efecto Pigmalión* (Rosenthal, 1966), los niños de un colegio fueron separados de forma aleatoria en dos clases. A los profesores que llegaron a ese colegio, se les explicó que esa separación (en realidad, aleatoria) se realizó sobre la base de los resultados de un test de inteligencia: en una de las clases se agruparon los niños con alto CI y en la otra los niños con bajo CI.

Los resultados fueron alentadores. Al poco tiempo de iniciar la investigación, los alumnos de la clase etiquetada como de alto CI superaron las expectativas: mostraban un alto rendimiento y una gran predisposición a aprender. Sus notas fueron superiores a la media. Mientras que, en la clase etiquetada de bajo CI, los alumnos presentaban notas muy por debajo de su media, estaban desmotivados y tenían una escasa predisposición a aprender.

Pero ¿cómo había podido ocurrir eso, si la separación por clases fue completamente aleatoria? El efecto Pigmalión lo explica por la calidad de las interacciones de los profesores con los niños.

Cuando el profesor interaccionaba con la clase etiquetada como de alto CI, tenía expectativas más altas del alumno, se esforzaba más para que aprendiera, y si el alumno presentaba dificultades en adquirir ciertos conocimientos, el profesor le facilitaba el aprendizaje, lo ayudaba. Sin embargo, cuando el profesor interaccionaba con los alumnos de la clase de bajo CI, no esperaba mucho, por lo tanto se esforzaba muy poco en que los alumnos aprendieran, y cuando éstos presentaban dificultades en adquirir aprendizajes, como el profesor pensaba que no eran capaces, no los ayudaba. Estos resultados fueron tan devastadores para los alumnos etiquetados como de bajo CI que la comunidad científica eliminó esta calificación.

Rosenthal, mediante este polémico estudio que realizó en 1966, comprobó que dándole a un profesor la expectativa de que algunos miembros de su clase, elegidos al azar, tenían gran probabilidad de mejora, el profesor se esforzaba más en mejorar el rendimiento académico de esos alumnos. Por desgracia, aún hoy podemos comprobar estos efectos también en negativo.

Pero ¿cómo puede afectar lo que yo piense o espere de otra persona en ella? En primer lugar, puede que la otra persona perciba, a través de mi actitud, sus posibilidades. En la valoración que hacemos de nosotros mismos (autoestima) influye positiva o negativamente la valoración que de nuestras cualidades hacen las personas de nuestro entorno.

En el mundo empresarial, también es perfectamente visible cómo las expectativas que los directivos tienen de sus colaboradores les facilitan o dificultan el desarrollo profesional.

Cuando un directivo tiene una baja expectativa de un profesional de su equipo (no espera mucho), con su actitud le transmitirá al colaborador esa baja expectativa, con su (baja) predisposición a la ayuda, su comunicación verbal y no verbal, influyendo en él y limitando su desarrollo y autoconfianza. Por el contrario, si el directivo cree en él, espera mucho o considera que el colaborador es capaz, se esforzará más en que lo consiga, transmitiéndole seguridad, expectativa y confianza, incluso a veces más que la que pueda tener en sí mismo, dando lugar al desarrollo y avance profesional y personal. Lástima que a veces no somos conscientes de nuestra influencia en el desarrollo, positivo o negativo, en las personas de nuestro entorno.

3. EL ARTE DE CREER PARA CREAR

Dos cosas pasaron por mi mente la primera vez que supe sobre el efecto Pigmalión: la primera, el gran desconocimiento que existe en la comunidad educativa de las capacidades potenciadoras o limitadoras de los profesores desde los primeros años de desarrollo. La segunda, miedo, al pensar en manos de quién están nuestros hijos, en gran parte por ese desconocimiento; sin olvidar que también hay profesores maravillosos.

Esa influencia que ejercemos sobre la autoconfianza y la autoestima de las personas se refleja en todos los ámbitos de nuestra vida, pero es mayor, si cabe, en el caso de los niños, que están construyendo la valoración de sí mismos (autoestima) en función de la información que reciben de sus personas de referencia y su entorno.

Para transmitir una expectativa positiva a nuestros hijos o alumnos, tenemos que revisar algunas tendencias personales que pueden estar generando un autoconcepto positivo o negativo en ellos.

La buena noticia es que es el arte de creer para crear. La mala es que se puede crear en positivo y en negativo; por ello debemos tomar conciencia de qué esperamos de nosotros mismos y de los demás.

Como siempre, partir de uno mismo y del autoconocimiento para mejorar nuestra relación con los demás.

#PARAPENSAR

- ✓ Ser conscientes de qué esperamos de nosotros mismos y de los demás.
- ✓ Establecer un clima socioemocional cálido y optimista.
- ✓ Facilitarles la oportunidad de comunicarse de forma positiva.
- ✓ Hacerles saber qué esperamos de ellos, ponerles metas accesibles, pero que les exijan avanzar.
- ✓ Reconocerles el esfuerzo, reforzar cada pequeño logro significativo, ya que esto les dará mayor motivación para seguir esforzándose.
- ✓ Aceptar sus fallos, no recriminar, y enseñarles a perseverar para conseguir objetivos.
- ✓ Creer en ellos.
- ✓ Hacer que ellos crean en sus propias posibilidades.
- ✓ Tener expectativas positivas de una persona es ayudarla a crecer.

¿Qué tipo de expectativas transmites a tus hijos, colaboradores y personas de tu entorno? ____________________

____

____

Revisa la forma que tienes de relacionarte con las personas de tu entorno: forma en que te diriges a ellos, cómo les hablas, el tono, la actitud. ¿Qué crees que perciben ellos de ti? ____

____

____

____

¿Cómo podrías mejorar la forma de relacionarte con tus hijos, colaboradores y alumnos, para que perciban que crees en ellos, generando expectativas positivas? ____________

____

____

____

____

Mis notas:

Floro el jardinero tenía en la parte trasera de su casa un pequeño jardín que cuidaba con esmero.
En el jardín tenía las más hermosas flores que puedas imaginar: rosas, petunias, gardenias, dalias, margaritas, hortensias y orquídeas.
Cada una de las flores tenía una cualidad que la hacía única: olor, color, tacto, belleza. Pero una de ellas no conseguía florecer como las demás.
El jardinero, a pesar de tener más flores, nunca dejó de creer en ella. Cada día, cuando salía el sol, la regaba, quitaba las malas hierbas y hablaba con ella, esperando con paciencia que la flor asentara sus raíces y pudiera florecer con la misma belleza que las demás.
Una mañana, como cada día, el jardinero Floro se sentó en su jardín para disfrutar de sus flores. Pero esa mañana tenía un regalo: su flor tan esperada había comenzado a florecer con un brillo especial. El jardinero, feliz, supo que su constancia y esfuerzo habían ayudado a la flor a encontrar esa cualidad que la hacía única.

6. DESARROLLAR EL TALENTO Y LA CREATIVIDAD

«El regalo de la fantasía y la esperanza ha significado mucho más para mí que la capacidad de absorber y retener conocimiento.»

ALBERT EINSTEIN

«¿Por qué contentarnos con vivir a rastras cuando sentimos el anhelo de volar?»

HELLEN KELLER

Nos encontramos en la era del talento. Tiempo en el que se nos exige saber, demostrar, crear y desarrollar. Además, conocernos y ser diferentes.

Se hace bastante complicado cuando no nos han educado el talento, no nos han enseñado a detectarlo y mucho menos a potenciarlo. Ahora comienza nuestro camino de descubrimiento, el despertar del talento, para llegar a ser aquello que queremos ser. No cabe duda de la importancia de establecer un entorno emocional positivo para nuestro bienestar y el desarrollo positivo de los niños. Pero sobre los siete años, además, para que el niño sea feliz hay que ayudarlo a detectar sus propias fortalezas, etiquetarlas, y favorecer las circunstancias para desarrollarlas (J. A. Marina). He aquí los talentos.

Tenemos que aprender a observar qué hacemos bien, con qué disfrutamos, qué nos hace fluir (*flow*), y favorecer la expresión de nuestro talento. Además, aprender a observar el talento de nuestros hijos, alumnos, personas de nuestro equipo, y facilitar las circunstancias para que las personas puedan desarrollar, con constancia y esfuerzo, aquello para lo que han nacido.

Muchas personas nunca llegan a conocerse a sí mismas, ni

conocen sus talentos. Hay personas que creen que no son buenas en nada y se resignan. La educación, lejos de potenciarlas, aleja a las personas de sus talentos naturales. Desde la familia y la escuela, debemos aprender a crear las circunstancias adecuadas para que esos talentos afloren, salgan a la luz, y ayudar a los niños a encontrarlos en sí mismos.

Uno de los mayores errores que cometemos los padres y educadores es imponer actividades que consideramos que los niños necesitan, en vez de observarlos, conocerlos y preguntarles a ellos qué les gusta. Podemos reflexionar sobre qué enseñanzas estamos priorizando en el sistema educativo, cómo atendemos a las diferencias individuales, cómo potenciamos el talento. Sin duda, reflexiones que supondrán el primer paso para el cambio: aprender a valorar y a desarrollar el talento y la creatividad.

Albert Einstein dijo: «La mente intuitiva es un regalo sagrado, y la mente racional es un fiel sirviente; hemos creado una sociedad que rinde honores al sirviente y ha olvidado el regalo». ¿Qué podemos hacer para valorar esos regalos que son la intuición, la creatividad y el talento?

1. NUESTRA MAGIA INTERIOR

> «Somos lo que somos, más las posibilidades que encontremos dentro de nosotros.»
>
> JOSÉ ANTONIO MARINA

«Dale un pincel a un niño y pintará. Dáselo a un adulto, y te dirá que necesita hacer un curso de pintura primero.» Esta frase, de autor desconocido, nos recuerda algo que pasa desapercibido: la confianza y la seguridad con las que nacemos, creyendo que lo podemos conseguir todo, y cómo éstas van menguando hasta que llegamos a no saber ni quiénes somos.

Los niños han nacido para crear. ¿Qué pasa en el trayecto? Dijo el pedagogo Richard Hughet: «Los niños entran en la escuela queriendo ser astronautas, y salen queriendo ser funcionarios; algo estamos haciendo mal».

Todos poseemos un talento; tan sólo que algunos aún no saben cuál es el suyo. Todos tenemos la capacidad de ser creativos; pero tenemos barreras psicológicas (como el miedo o la falta de confianza) y socioculturales (juicios, evaluaciones) que nos hacen no desarrollar opciones más allá de las convencionales. La realidad es que ni la escuela ni la empresa favorecen la creatividad o el despertar del talento. No sabemos gestionar la diversidad; es mucho más fácil gestionar la (aparente) homogeneidad. Si no creamos las circunstancias para que nuestros alumnos o colaboradores desarrollen su creatividad y su talento, no lo harán.

Algunos investigadores dicen haber descubierto la materia del talento: la mielina (Coyle, 2009). La mielina es una sustancia aislante que rodea las neuronas, y permite, entre otras cosas, la comunicación entre ellas, transportando impulsos. La mielina proporciona una explicación acerca de las raíces biológicas del aprendizaje y de los desórdenes cognitivos. También se ha comprobado que existen diferencias individuales en la cantidad de mielina que poseen algunas personas.

Cuanto más practicamos algo, más automatizamos esa habilidad y menor conciencia tenemos del esfuerzo. Eso significa que la cantidad de mielina ha aumentado, y hacemos las cosas con menor esfuerzo. Cuando le hicieron la autopsia a Albert Einstein, no se sorprendieron mucho cuando vieron que *su cerebro tenía diez veces más cantidad de mielina que un cerebro normal* (Marianne Diamond, 1985).

Pero al ser algo biológico, igual que aumenta, disminuye. La inactividad, la edad u otros problemas colaterales pueden hacer que la mielina empiece a desaparecer o romperse, dando lugar a la pérdida de esa automatización adquirida. Dicen que Michael Jordan se retiró porque su mielina comenzó a romperse con la edad, y la velocidad de acción de su habilidad no era la misma.

Más allá de lo biológico, no podemos hablar de magia interior sin hablar de *flow*. Para Csikszentmihalyi, uno de los más destacados investigadores de la psicología positiva, «*flow* es un estado en el que la persona se encuentra completamente absorta en una actividad para su propio placer y disfrute, durante el cual el tiempo vuela y las acciones, los pensamientos y los movimientos se suceden unos a otros sin pausa. Todo el ser está envuelto en esta actividad, y la persona utiliza sus destrezas y habilidades llevándolas hasta el extremo». Representa la máxima expresión de la pasión por nuestro talento innato, el punto máximo del desarrollo creativo y la experiencia indispensable para ser feliz.

Y entonces aparece la pasión. Las personas son buenas en las cosas que realmente les gustan y las apasionan. La pasión, tal como destaca Robinson, es ese deseo irracional que nos desborda, que domina nuestro comportamiento. Es el *elemento*, el punto en que el talento innato se une a la pasión personal. En ese momento, trabajamos sin cansancio y con gran creatividad. Lástima que muchas personas morirán sin conocer su «elemento». Tanto los colegios como las empresas deberían ayudar a las personas a encontrar su elemento, para contribuir a su desarrollo y plenitud. *Seguimos construyendo.*

> «Todos tenemos talento. Lo raro es tener la voluntad de perseguir el talento hasta el oscuro sitio donde habita.»
>
> ERICA JUNG

Muchos aún no somos conscientes de cuál es nuestro talento; y ahora el reto es doble: conocer *nuestro elemento*, y ayudar a nuestros hijos, alumnos o colaboradores a detectar el suyo. El consejo que sir Ken Robinson le da a las personas que quieren detectar el talento y la creatividad de sus hijos o alumnos es que los observen. Y no puedo estar más de acuerdo. Insta a los padres y educadores a mirar al niño: «No mires al mundo que lo rodea, sino al niño o niña primero, para ver qué le inspira, qué capta su atención... ¿Quién es? ¿Cuáles son las cosas que le entusiasman? ¿Cuáles son las cosas por las que se siente atraído o las cosas que le provocan rechazo?». Observar implica entender, comprender, aceptar, y debe servirnos para conocer mejor a nuestros hijos y facilitarles su felicidad, permitiéndoles desarrollar aquello en lo que tienen talento, siempre con esfuerzo y constancia.

> «Un adulto creativo es un niño que ha sobrevivido.»
>
> Ken Robinson

El entorno social y la influencia cultural tienden a ir apagando la llama creativa, enterrando el talento con sistematicidades y estereotipos, castigando socialmente al que se sale de la norma, es decir, de lo que hace todo el mundo.

> «Nacemos originales y morimos copias.»
>
> Carl Jung

Pero ¿qué es la creatividad? Es un concepto complejo, definido por diferentes autores y cada uno le da un enfoque diferente. Podemos quedarnos con la definición de que «la persona creativa es aquella que tiene ideas novedosas y presenta respuestas a problemas de un modo poco común». Del mismo modo, se entiende que ser creativo implica descubrir el problema y encontrarle una solución (Guilford, 1950; Getzels y Csikszentmihalyi, 1976).

En su teoría de la creatividad, Sternberg y Wbart definen seis factores interrelacionados para que exista la creatividad: habilidades intelectuales, conocimientos, estilo de pensamiento, personalidad, motivación y contexto.

Especial atención a este último factor: la influencia del contexto en la creatividad.

El contexto es el factor determinante que favorece o inhibe la creatividad. A menor presión del entorno y menor control, más seguridad y confianza en nosotros mismos; hay mayor expresión creativa. Hay tres factores del contexto que facilitan la creatividad: la aceptación incondicional, la ausencia de evaluación externa y la comprensión empática. Igualmente se ha demostrado que las recompensas tienen un efecto negativo sobre la creatividad, ya que nos sentimos presionados. En la organización, la innovación está a expensas de la creatividad permitida. Cuanto más se permita el error, mejor se gestione el fracaso y más se desarrolle el talento creativo, mayor será la innovación y, por lo tanto, el avance y desarrollo de la empresa.

En resumen: las reglas sociales, el conformismo y nuestros esquemas de pensamiento, nuestros miedos y la ausencia de oportunidades de expresión, bloquean la creatividad y la expresión del talento.

Dado el sistema actual basado en la presión, el control rígido y el sistema de recompensas, estamos eliminando la creatividad con la educación. La buena noticia es que «la creatividad se aprende, igual que se aprende a leer» (Robinson, 2012).

2. EL PAPEL DE LA ESCUELA

> «Desde muy niño tuve que interrumpir mi educación para ir a la escuela.»
>
> Bernard Shaw

Vivimos en la sociedad del conocimiento. Ahora más que nunca se requiere de la escuela la capacidad de crear, potenciar, desarrollar talento y fomentar la interacción, para estar a la altura de la realidad social. ¿De verdad está nuestro sistema educativo preparado para ello?

La educación, recoge Juan Carlos Cubeiro, es la inversión más rentable en esta época del talentismo; esto es, en la época actual, en la que lo más importante es la actitud, los nuevos valores y las nuevas competencias laborales y profesionales.

En esta época que vivimos, somos prisioneros de las carencias emocionales de la educación, nos enfrentamos a un desconocimiento abismal de las propias competencias e intentamos encontrar aquello que nos diferencia de los demás, cuando el sistema ha insistido en normalizarnos.

> «En este momento, la riqueza de las naciones no son las materias primas, ni el territorio ni el capital. Es el talento.»
>
> José Antonio Marina

Quizá por desconocimiento de las herramientas, falta de formación en el uso o ausencia de confianza en la utilidad, lo cierto es que entre el sistema educativo y la realidad hay una ruptura. ¿Cuándo comenzará el cambio en la escuela? La estructura estandarizada y rígida de los sistemas de educación formal no está preparada para atender los desafíos que presenta la sociedad del conocimiento.

Lim Ding Wen es un niño de Malasia que con 9 años desarrolló una aplicación para iPhone llamada DuDu. ¿En qué medida el sistema de educación formal potencia el desarrollo de los talentos? ¿Tiene el sistema educativo formal herramientas para detectar estas potencialidades y ayudar a desarrollarlas? Probablemente la respuesta sea no.

> «Es un milagro que la curiosidad sobreviva a los sistemas formales de educación.»
>
> Albert Einstein

Afirma Edward de Bono que «la educación actual desperdicia dos tercios de los talentos de los seres humanos». Según De Bono, «hay muchas cosas que no se enseñan porque la inercia es hacer siempre lo mismo, con el consecuente desperdicio de talentos en la sociedad».

Enseñar a pensar de forma creativa les hace a los niños reafirmar su autoestima, incrementar su autoconfianza, y eso, indudablemente, marcaría una gran diferencia en muchos de ellos.

Otro de los retos de la escuela del siglo XXI es *educar para la incertidumbre* (Morin, 1999). La situación sociolaboral actual requiere personas preparadas más allá de lo predecible, racional y exacto. La educación del futuro necesita una dosis de educación de la incertidumbre, educar para lo desconocido, educar para una sociedad cambiante, que no sabemos cómo será. Es educar a los niños para que, más allá del miedo, estén abiertos al cambio, a lo incierto, y adopten una actitud exploradora y de superación.

> «La educación es el arma más poderosa que puedes usar para cambiar el mundo.»
>
> NELSON MANDELA

Si no permitimos el error, no podremos ser creativos. Cuanto más mayores nos hacemos, por circunstancias sociales y personales, menos nos permitimos equivocarnos. Por lo tanto, cada vez somos menos creativos; a medida que crecemos, perdemos esta habilidad. Dice Richard Gerver, colaborador de Robinson, que «si queremos crear un sistema educativo que verdaderamente ponga en juego el potencial de cada individuo y que los prepare para liderar los desafíos del futuro, tenemos que cambiar la naturaleza del concepto de fracaso y de la noción de riesgo. Tenemos que aprender a transmitir a nuestros hijos y alumnos que sólo al equivocarnos tenemos la posibilidad de aprender». Debemos educar en el error, aprender y enseñar a gestionar el fracaso, y entenderlo como parte del aprendizaje, como único camino para el desarrollo del talento y la creatividad.

El sistema está hecho para limitar, estandarizar y normativizar, priorizando el orden y la uniformidad. No se permite lo no estandarizado o normativizado. Aunque suene imposible, el sistema educativo actual no debe ser mejorado, sino transformado; ya que está basado en un modelo obsoleto que no atiende al desarrollo integral del niño. Nuestra formación es excesivamente racional, los profesores y los maestros atienden al hemisferio izquierdo, olvidando el derecho, dejando de lado la creatividad, la imaginación y la intuición, entre otros muchos talentos. ¿Y si los profesores se convirtieran en *coaches* que ayudaran a detectar las semillas del talento en los niños (la pasión), facilitando el desarrollo del talento mediante preguntas, inspirando, animando a un plan de acción y haciendo un seguimiento en el logro de objetivos? (Robinson, 2012).

El gran reto de la escuela es, sin duda, mantener en los alumnos el deseo de descubrir, de aprender. Tener la capacidad de inspirar, implicar, motivar, haciendo útil el conocimiento, buscando la aplicabilidad de los conocimientos adquiridos a la vida real. Estimular la creatividad de los alumnos y potenciar el desarrollo del talento. Difícil reto que requiere una transformación integral del sistema, en sus objetivos, contenidos, metodología, y un trabajo coordinado entre familias y escuela que permita el desarrollo integral del alumno.

3. EL ARTE DE EDUCAR EL TALENTO Y LA CREATIVIDAD

> «Siendo reconocido que las cosas han de transformarse, todavía hay quienes se aferran a ellas...»
>
> BUDA

Dice Ken Robinson que «el cometido de la educación debe ser cultivar los talentos y las sensibilidades para tener mejor presente y cultivarnos nuestro futuro. Sin duda, un ambicioso objetivo que debemos comenzar a desarrollar».

Un ejemplo para facilitar el desarrollo de la creatividad, y simulando las habitaciones que utilizaba Walt Disney en su proceso creativo, es crear un «rincón de crear» en la casa. Escoger una zona donde el niño pueda imaginar, crear, desarrollar, inventar y sentirse libre. Esta idea surge de la importancia de generar un entorno que facilite la creatividad, incrementando el pensamiento lateral y minimizando los bloqueos y las barreras a la creatividad.

Pero nuestro papel más importante pasa por estar atentos, observar, facilitar, estimular, creer y respetar, en definitiva, potenciar y *dejar ser*.

#PARAPENSAR

- ✓ Promueve un clima que favorezca y estimule la creatividad y su expresión.
- ✓ Desarrolla una actitud favorable a la expresión creativa.
- ✓ Comienza a descubrir qué te gusta y qué no te gusta.
- ✓ Aprende a observar. Qué le gusta, qué le hace feliz y con qué disfruta.
- ✓ Facilita las circunstancias para que pueda entrenar, practicar, hacer, crear y desarrollar.
- ✓ No penalices el fracaso. Asume el error como parte del aprendizaje.
- ✓ Respeta la diferencia, la iniciativa y la originalidad.
- ✓ Valora las ideas del niño y dale una retroalimentación positiva.
- ✓ Aprende y enseña a ver los problemas desde todos los puntos de vista posibles.
- ✓ Introduce actividades sin evaluación, sin juicio. Deja hacer.
- ✓ Para mantener el placer por algo, incrementa su complejidad.
- ✓ Intentad generar juntos, a modo de juego, tantas ideas como sea posible.

¿Cómo facilitas/estimulas la expresión creativa de tu hijo, de tus colaboradores y la tuya propia? __________

¿Cuál es tu talento? ¿Cuál dirías que es el talento de tu hijo? ¿Qué le hace feliz? __________

¿Qué podrías hacer para facilitar el desarrollo del talento de tu equipo, de tu hijo y el tuyo propio? __________

Mis notas:

Marinela era una preciosa marioneta que bailaba en un teatro de guiñol. Sus dueños, una joven pareja, tenían el teatro y su marioneta a punto para que todo fuera un éxito, y niños y mayores disfrutaran de los dulces movimientos de Marinela.
Todo iba bien, hasta que un día, Mario y Nela se dieron cuenta de que no paraban de discutir. Todo estaba mal para Mario, y nada le gustaba a Nela. Cada día que pasaba era un enfrentamiento entre los dos, en nada se ponían de acuerdo.
Sin darse cuenta, dejaron a Marinela a un lado; estaba sucia y descuidada. Nela quiso llevársela y, durante una discusión, Mario le rompió su precioso vestido.
Aquello fue el fin de la pareja y de su precioso espectáculo.
La prensa y la televisión se preguntaban qué habría sido de Marinela.
Un día volvieron a coincidir, y recordaron las tardes de confidencias que los tres pasaban juntos antes de cada función.
Al verse, comprendieron que los tres formaban un buen equipo, aunque no pudieran estar juntos.
Entonces decidieron retomar el espectáculo. Cada día alternarían las sesiones, y cada día uno tendría a Marinela.
La vuelta al espectáculo fue todo un éxito, ya que lo único que importaba era el amor y el cariño que los dos tenían por Marinela.
El público podía ver a Marinela feliz, sin importar quién movía los hilos...
(Aplausos.)

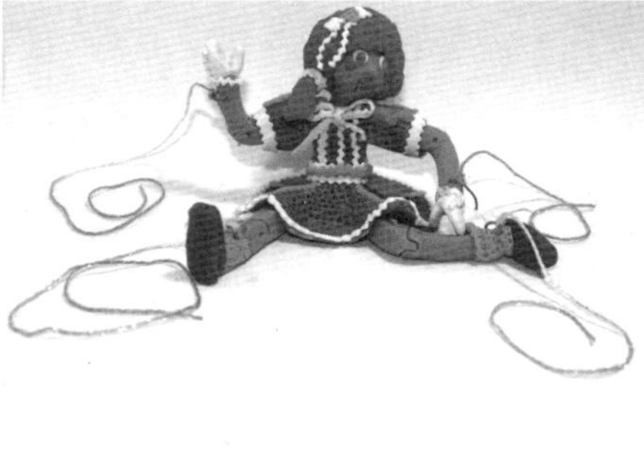

7. EL AMOR MUEVE EL MUNDO

«Según se es, así se ama.»

ORTEGA Y GASSET

El amor que no se expresa no sirve de nada.

El amor, en todas sus expresiones, debería ser un ejemplo y un aprendizaje para los niños incluso desde antes de nacer. En Reino Unido, tras analizar a 14.000 mujeres embarazadas, se demostró la importancia de la educación emocional desde que el bebé está en el útero, y cómo afecta el estado emocional de la madre al del bebé (Vivette Glover, 2012).

Muchas han sido las investigaciones que se han desarrollado a lo largo de la historia en las que se han podido comprobar los resultados negativos de privar de afecto. Y es que el ser humano es un ser social, necesitamos de apego y afecto para desarrollarnos física y emocionalmente sanos, en todas las etapas de nuestra vida.

Las últimas investigaciones de Paul Zack sobre el papel de la oxitocina en la empatía ponen de manifiesto algo que ya adelantaba Harlowen en 1959: si los receptores de oxitocina que todos tenemos en nuestro cerebro no son estimulados por el amor y la atención desde muy pequeños, no llegan a desarrollarse. También descubre que un estímulo social positivo (como un beso o una muestra de afecto) favorece la liberación de oxitocina. A su vez ésta libera otros dos neurotransmisores que nos aportan bienestar: serotonina, que reduce la ansiedad y favorece el humor, y dopamina, que nos ayuda a estar motivados, aprender y conseguir metas. Esto quiere decir que, más allá de nuestra capacidad de control consciente, el contacto físico positivo genera en nuestro cerebro procesos químicos que nos hacen sentir bien.

El primer *Informe Coca-Cola de la felicidad* realizado en España en 2008, de la mano de Eduard Punset y otros investigadores, destaca como una de sus conclusiones principales que «el apoyo incondicional de los padres y las madres en la infancia influye en el bienestar y en la percepción de felicidad». Igualmente, concluye que las personas que viven en compañía de otras personas son más felices.

Con esta base neurocientífica es más fácil comprender la importancia de crear entornos emocionalmente positivos, en los que se sienta amor y seguridad, y crecer desarrollando todo nuestro potencial afectivo y emocional para educar a niños emocionalmente sanos.

1. EL AMOR POR LOS DEMÁS

> «Él había amado y se había encontrado a sí mismo. La mayoría, en cambio, ama para perderse.»
>
> HERMANN HESSE

El amor es el elemento que más dispara nuestra capacidad de superar obstáculos. Las personas necesitamos de personas.

Como ser social, el ser humano percibe su fuerza y capacidad de forma directamente proporcional a su red percibida de apoyo social. Es decir: cuanto más apoyo percibimos, mayores son nuestra autoestima, nuestra seguridad personal y nuestro sentimiento de autoeficacia. De su experiencia en los campos de concentración nazis, Viktor Frankl recoge que sólo fueron capaces de sobrevivir a aquellas circunstancias quienes tenían una razón para no morir. Casi siempre esa razón era una persona. A veces, otra persona es una razón más poderosa que uno mismo para afrontar la adversidad.

Cuanto más amor y apoyo percibamos, mayores serán la confianza y la seguridad en nosotros mismos, y nos sentiremos más capacitados para superar obstáculos.

Pero no nos han educado en el amor.

Escribió Pablo Neruda: «A nadie te pareces desde que yo te amo...». Porque el amor sano debe partir de la admiración y la aceptación, pero también de la independencia.

Dice Walter Riso que, a veces, el miedo a perder nuestra seguridad o bienestar nos mantiene atados, desarrollando un comportamiento de dependencia emocional. Para tener relaciones sanas con los demás, debemos empezar por tener relaciones sanas con nosotros mismos. Sólo se puede amar y vivir desde la autonomía personal, y no desde la dependencia. Debemos educar la independencia afectiva y el desapego como parte de la educación del amor.

2. EL AMOR POR UNO MISMO: REGAR LAS RAÍCES DE LA AUTOESTIMA

> «La motivación y la confianza en uno mismo es la clave emocional para salir con éxito de esta situación de incertidumbre.»
>
> Mario Alonso Puig

Decía Louis Hay que «el principal defecto de las personas es creer que no son suficientemente buenas». Nos infravaloramos continuamente. El 95 por ciento de las personas cometer dos fallos: sobrevalorar a los demás e infravalorarse a sí mismas. Mi pregunta es: ¿por qué? ¿Qué no hemos hecho bien?

Esta valoración negativa de nosotros mismos, además de minimizar las posibilidades de éxito social, académico y profesional, puede afectar también a la salud. La baja autoestima hace que las personas tiendan a sentirse permanentemente amenazadas, y esa situación aparente de estrés hace que aumente el nivel de corticoides en sangre. Ese aumento, mantenido en el tiempo, debilita nuestro sistema inmunitario, disminuye nuestras defensas y nos hace más vulnerables a desarrollar enfermedades (M. A. Puig).

El desarrollo de la autoestima, esa valoración que hacemos de nosotros mismos, comienza desde la más temprana edad, en gran parte influenciada por la información que recibimos del entorno. A medida que los niños se van desarrollando, no sólo van conociéndose más a sí mismos, sino que van evaluando las cualidades que creen poseer, muchas de ellas en función de la información que reciben de sus padres, profesores o iguales.

Los niños con una autoestima positiva están contentos con el tipo de persona que son, son capaces de reconocer sus puntos fuertes, admiten sus debilidades (y su capacidad de superarlas), y suelen tener una actitud positiva de sus competencias. Por el contrario, los niños con autoestima negativa (baja autoestima), se ven a sí mismos desde una perspectiva menos favorable, y normalmente se enfocan en sus carencias, incapaces de ver sus fortalezas (Brown, 1998).

La confianza en nosotros mismos comienza en los primeros años de nuestra vida, con las relaciones de apego. Según la *teoría de modelos funcionales* de Bowlby, cuanto más seguro y fuerte sea el vínculo de apego, construimos un modelo más positivo de nosotros mismos, y desde muy pronto comenzamos a juzgarnos desde una perspectiva más favorable y a confiar más en nosotros mismos que los niños con un apego menos seguro. Más aún: la autoestima tiende a alcanzar su nivel máximo cuando el apego seguro es con ambos progenitores (Verschueren y Marcoen, 1999). Ya entre los 4 y los 5 años, el niño ha construido las bases de su autoestima con sus antecedentes afectivos (el apego) y la valoración que sus profesores (personas de referencia para él) han hecho de sus competencias sociales. Más adelante, ese apego se convertirá en la necesidad de sentirse competente. Sentirse capaz. Por ello, valorar los esfuerzos por progresar y mejorar, dándole retroalimentación positiva, los ayudará a desarrollar esa importante confianza en sí mismos, base de la autoestima.

La autoestima, como valoración de nuestras propias cualidades, va cambiando a lo largo de nuestra vida. Diferentes investigaciones han podido probar que en determinados períodos de nuestra vida, como en la adolescencia, la autoestima decrece, en parte por los cambios visibles propios de la pubertad.

En una investigación realizada con personas de ambos sexos de entre 9 y 90 años, se descubrió que entre los 9 y los 20 años había una tendencia a la disminución de la autoestima, seguida por una recuperación y posterior incremento hasta los 65 años, aproximadamente, momento en el que volvía a decrecer (Richard Robins, 2002).

Un aspecto importante para resaltar, relacionado con la construcción de la autoestima, son las atribuciones de logro, es decir, cómo interpretamos los éxitos y los fracasos.

Tendemos a atribuir el éxito o el fracaso a cuatro causas posibles (Weiner, 1974, 1986):

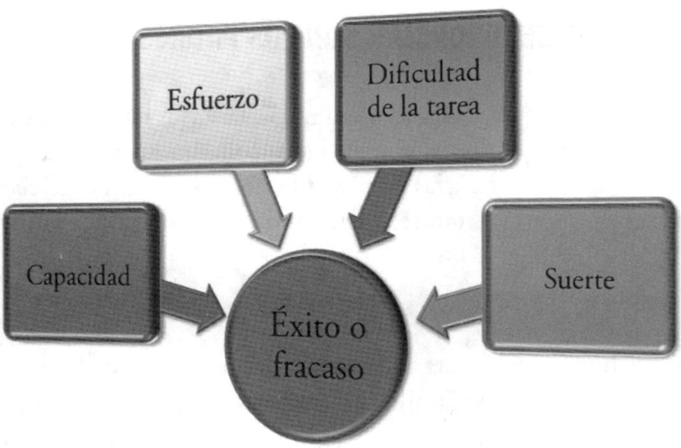

Atribución de logro, según Weiner.

Diferenciar entre las atribuciones internas y externas que hacemos de nuestros logros influye en los resultados. Las atribuciones internas son la capacidad y el esfuerzo; y las externas, la dificultad de la tarea o la suerte.

Si al conseguir un objetivo atribuimos ese éxito a la suerte, no estaremos creando seguridad en nosotros mismos para la próxima vez.

Si al cometer un error o fracasar en un intento lo atribuimos a falta de capacidad, tampoco nos estamos ayudando a desarrollar una autoestima positiva.

Tenemos que aprender a pasar del SOY al «siento», o al «estoy». Diferenciar estos dos conceptos es importante para la construcción de una autoestima positiva, «estar frente a ser» (Walter Riso).

La realidad es que tenemos que aprender a amarnos a nosotros mismos para poder amar a los demás. Comenzar por el autoconocimiento para llegar a la autoaceptación, y desarrollar confianza en nosotros mismos. Tenemos una mente poderosa, y creer en nosotros mismos nos permitirá superar cualquier adversidad.

3. LOS QUE SE DIVORCIAN SON LOS PADRES

> «Todos los cambios, hasta los más deseados, vienen con su melancolía, pues lo que dejamos atrás es parte de nosotros mismos. Debemos morir en una vida antes de poder entrar en otra...»
>
> ANATOLE FRANCE

Los cambios sociales están alterando desde hace décadas los modelos tradicionales de familia. El Instituto de Planificación Familiar (IPF) recoge que la tasa de rupturas matrimoniales se incrementó un 60 por ciento en los últimos diez años. Según datos de 2012, se producen 75 rupturas matrimoniales por cada 100 uniones. Además, el 50 por ciento de los divorcios y las separaciones se producen en matrimonios con hijos menores de edad (Instituto

Nacional de Estadísticas). Si se sigue esta tendencia, en los próximos años se producirán tantas rupturas como matrimonios (IPF).

Como destaca Helen Fisher en su libro *Anatomía del amor*, en una gran variedad de sociedades, los seres humanos tienden a divorciarse entre el segundo y el cuarto año de matrimonio, siendo el cuarto año el punto álgido de divorcios en 62 sociedades estudiadas. Uno de los estudios más completos sugiere que, en los próximos años, uno de cada cuatro niños experimentará el divorcio de sus padres antes de los 16 años (Dowling y Gorell Barnes, 1999).

Sin duda, todos éstos son datos desalentadores que nos invitan a reflexionar sobre qué está pasando en el desarrollo del amor en las parejas y cómo podemos mejorar.

Si cada vez hay menos matrimonios convencionales, habrá que cambiar el concepto convencional y hacer convencional lo no convencional.

> «Lo que ocurre entre dos, nunca es responsabilidad de uno solo.»
>
> Walter Riso

Hay que entender el divorcio como una separación de vidas, pero, cuando existen hijos, siempre va a quedar un proyecto común: su felicidad.

La base para una buena educación emocional en una situación de separación o divorcio es la misma que en la situación de unión: el amor incondicional hacia el hijo. Situar al niño por delante de las necesidades y los intereses individuales de cada progenitor es quizás el reto más difícil en una situación de adversidad emocional. El niño debe sentir que se le ama, que se le respeta, que se le entiende, que es importante para los dos, que siempre van a estar ahí cuando los necesite y que no es culpable de nada. Los progenitores deben luchar por el bienestar del niño, y evitar la rivalidad y el conflicto, ya que el conflicto y el enfrentamiento entre los progenitores es uno de los elementos desencadenantes de una posible psicopatología en el niño y el adolescente (Valdés, 1995; Enery, 1989).

La calidad en las relaciones familiares tras el divorcio afecta a la estabilidad emocional de los hijos. Pero lo que más les afecta es su estilo atributivo en la situación de divorcio; es decir, cómo se explican a sí mismos las causas de la separación. Las explicaciones o los sentimientos más comunes en los hijos de familias divorciadas serían: culpabilidad del padre y de la madre, miedo al abandono y al rechazo, esperanza de reconciliación y autoinculpación (Hazzaro, Christensen y Margolin, 1983). Hay que atender especialmente a estas variables, prestando atención, apoyo y ayuda profesional para prevenir la salud emocional de nuestros hijos.

Hacer feliz a un niño es muy fácil. Hacerlo infeliz también.

La mayoría de las veces depende de nuestra madurez como madres o padres para entender que un episodio de nuestra vida ha terminado para empezar otro, aprendiendo a aceptar, asimilar y perdonar, para poder avanzar. Estos pasos son indispensables para sentirnos emocionalmente sanos, y transmitir esa salud emocional a nuestros hijos en forma de amor incondicional.

4. EL ARTE DE EDUCAR EN EL AMOR Y EN LA AUTOESTIMA POSITIVA

> «El amor no es sólo un sentimiento. Es también un arte.»
>
> BALZAC

Así como educar es un arte, expresar amor también lo es. Nuestro deber como padres y madres es hacer sentir como alguien único a nuestro hijo. No basta con amar; hay que expresar el amor, aceptar a la otra persona (los hijos en este caso) para que aprendan a aceptarse a sí mismos.

En general, debilitamos nuestra autoestima cuando nos comparamos y dependemos de las expectativas de los demás, en vez de aceptarnos y saber qué nos hace únicos. Si nos comparamos, siempre perdemos. Por lo tanto, uno de los pilares para el desarrollo emocional positivo de nuestros hijos es la aceptación incondicional y evitar comparaciones. Si tú le aceptas tal como es, le ayudas a que él también se acepte.

En definitiva, mostrándole aceptación y amor incondicional le ayudaremos a aceptarse y amarse a sí mismo, y a desarrollar una autoestima positiva y estable.

#PARAPENSAR

- ✓ No basta con amar. Hay que expresar el amor.
- ✓ Dedícale tiempo. Conócete mejor. Acéptate. Quiérete.
- ✓ Aprende a perdonarte para poder avanzar y no quedarte estancado en la culpa.
- ✓ Comienza por amarte a ti, para poder amar a los demás.
- ✓ Toma conciencia de cómo es tu red de apoyo, y de cuántas personas están cuando las necesitas.
- ✓ Analiza tu forma de amar. Tu dependencia, independencia, apego.
- ✓ Muestra afecto y brinda apoyo.
- ✓ Educa desde el amor.
  - ✓ Evita las comparaciones.
  - ✓ Expresa el amor incondicional. Es el mayor regalo que podemos dar.
  - ✓ Expresa y ten expectativas positivas sobre él.
  - ✓ Recuérdales lo que tienen que mejorar, pero también lo que hacen bien.
  - ✓ Favorece su autoconocimiento real, ayudándole a construir su imagen.
  - ✓ Valorar el esfuerzo y no solamente los logros.
  - ✓ Exigencias moderadas: la presión limita.

¿Cómo expresas el amor por ti? ¿Qué haces por ti y sólo por ti?

¿Cómo amas? ¿Sabes amar desde la independencia afectiva, o desde la dependencia emocional? Piensa cómo, por qué y si crees que te beneficia o te gustaría cambiarlo.

¿Cómo le expresas a tu hijo el amor? ¿Qué haces para ayudar a tu hijo a afianzar una autoestima positiva? ¿Qué más podrías hacer?

Mis notas:

Nico era un payaso triste, aunque hacía unos años había sido capaz de hacer reír a miles y miles de personas. Un día, añorando aquel tiempo en el que hacía feliz a la gente, se durmió.
En su sueño se encontraba entre bambalinas, con sus compañeros del circo, minutos antes de que comenzara la función.
Él seguía caminando, como si una fuerza extraña lo empujara a algún lugar.
Allí estaba él, en la puerta de su camerino. Aún seguía su nombre en la puerta, decorado con estrellas doradas.
Al tocarlo sintió un escalofrío. Abrió la puerta y, entre tantos adornos y disfraces, se detuvo ante un gran baúl con pegatinas viejas que le recordaba cada uno de los sitios en los que había estado haciendo reír a la gente.
En la tapa del baúl había una nota que decía:
«El secreto está en el interior».
Lo abrió, y allí estaban todos sus disfraces y artículos de broma, que en aquellos años lo habían llevado a lo más alto.
En ese momento, el payaso Nico reaccionó.
«¿Cómo era yo entonces? Siempre hice reír a todo el mundo porque disfrutaba cada momento. Siempre estaba soñando e imaginando; veía el lado bueno de las cosas y tenía la capacidad de reírme de mí mismo, por eso hacía reír a los demás. Claro... el secreto está en el interior... ¡en mi interior!»
Y de pronto, se despertó. ¿Había sido un sueño, o no?, se preguntó...

8. DESARROLLAR LA FELICIDAD Y EL PENSAMIENTO POSITIVO

«Fijaos bien en la gente que tiene un sueño y lo persigue: son los que cambian el mundo. Seguidlos, porque los que tienen un sueño doblegan todos los problemas que se les interponen.»

REBECA RUS en *Mientras tanto, en Londres...*

«La felicidad es la llave del mundo.»

KANT

1. APLICACIONES DE LA PSICOLOGÍA POSITIVA

Hasta hace poco, la ciencia no contribuyó demasiado a mostrarnos los beneficios de aplicar el pensamiento positivo para encontrar el deseado estado de bienestar o felicidad.

Sin ir más lejos, la extensa obra de Freud, padre del psicoanálisis, no hace ninguna alusión a la palabra *optimismo*. En la misma línea se ha desarrollado su ciencia, la psicología, que ha centrado sus estudios en el análisis de las patologías y las enfermedades mentales, y poco, muy poco, en el estudio del bienestar, de la felicidad o las fortalezas.

La psicología positiva puede definirse como una innovación dentro de la psicología. Se encarga del «estudio científico del funcionamiento humano óptimo» (Sheldon, Fredrickson, Rathunde, Csikszentmihalyi y Haidt, 1999). En definitiva, se centra en «estudiar las fortalezas que tiene cada persona», desarrollando en la persona herramientas para afrontar diferentes situaciones, incrementando su percepción de autoeficacia y adquiriendo una visión más optimista del entorno y de sí mismo.

> «Cuando construyes sobre tus fortalezas, construyes sobre rocas. Cuando construyes sobre tus debilidades, construyes sobre arena movediza.»
>
> J. Hernández

Nuestras fortalezas y debilidades interfieren en la forma en que enfocamos la vida. Trabajar sobre nuestras fortalezas nos hace tener una actitud más positiva, nos sentimos más capaces, sentimos más confianza en nosotros mismos, y, al generar más pensamientos positivos, también generamos más emociones positivas.

Es precisamente a un psicólogo, Martin Seligman, de la Universidad de Pensilvania, al que se le reconoce como fundador de la corriente de pensamiento positivo. No es más que aprender a centrar la atención en lo sano, en lo bueno, en lo positivo, más que en las enfermedades o patologías, como se venía haciendo. De los diversos estudios que recoge Seligman en su obra, él mismo resalta uno que logró sorprenderle tanto como para cambiar su orientación profesional: enseñar a pensar en positivo a personas con episodios reiterados de depresión dio mejores resultados, con diferencia, que el tratamiento farmacológico de larga duración. Es un buen ejemplo de lo que la mente humana es capaz de conseguir con un buen entrenamiento.

El secreto de la psicología positiva reside en focalizar nuestras fortalezas. Se han destacado veinticuatro fortalezas en el ser humano. Focalizarlas nos da herramientas para superar obstáculos y equilibrar carencias. Son las siguientes:

Adquisición y uso del conocimiento	• Curiosidad • Creatividad • Juicio • Deseo de aprender • Perspectiva
Humanidad	• Capacidad de amar y ser amado • Generosidad • Inteligencia social
Justicia	• Trabajo en equipo • Ecuanimidad • Liderazgo
Templanza	• Perdón • Modestia • Prudencia • Autocontrol
Coraje	• Tenacidad • Honestidad • Ilusión • Valentía
Trascendencia	• Aprecio de la belleza • Gratitud • Esperanza • Humor • Espiritualidad

Clasificación de las fortalezas (Ken Sheldon, Barbara Fredrickson, Kevin Rathunde, Mike Csikszentmihalyi y Jon Haidt, 1999).

2. EL SECRETO DE LA FELICIDAD

Tradicionalmente se ha hablado de la búsqueda de la felicidad. En realidad, todos los que la buscan se dan cuenta de que no se encuentra. La felicidad se construye. Depende de nosotros mismos. Cada persona debe aprender a construir su propia felicidad, aprendiendo a pensar, a interpretar situaciones y emociones, a disfrutar de las pequeñas cosas, a entusiasmarse, a crear. Me pregunto por qué no nos enseñan desde pequeños que ser feliz sólo depende de uno mismo.

La felicidad es experimentar emociones positivas en un gran porcentaje de tiempo respecto a la cantidad de tiempo que experimentamos emociones negativas (Diener, Sandvik y Pavot, 1991). Es decir, un balance positivo de las emociones positivas frente a las negativas. No es tan importante la intensidad de la emoción como la frecuencia. Visto así, hay más personas felices de las que se creen. Pero buscamos algo que no existe, porque no sabemos lo que es.

Hablar de felicidad es hablar de *flow* (fluir). Se entiende como fluir el máximo estado de bienestar alcanzable, cuando las personas están tan involucradas en lo que están haciendo que la actividad llega a ser algo automático, no existe el tiempo ni la fatiga. Las personas focalizan su atención en la tarea actual y funcionan con sus capacidades más completas, dejando de ser conscientes de sí mismas como seres separados de las acciones que están realizando (M. Csikszentmihalyi). Buen momento para pensar: ¿en qué situaciones te sientes así? Y quizá también puedas detectar en qué situaciones sientes que fluyen más tus hijos. Probablemente sea una muy buena pista para la detección de su talento.

Las últimas investigaciones sobre felicidad, según Eduardo Punset, afirman que no la encontramos en la obtención de resultados, sino en el recorrido que hacemos para alcanzar ese resultado, en el proceso. Destaca Punset que «la felicidad está en la sala de espera de la felicidad». Anticiparnos y entusiasmarnos es lo que nos motiva a levantarnos cada día, la ilusión, y nos da energía para perseguir nuestros sueños. Y esa energía de vivir es lo que nos hace sentirnos felices.

Pero ¿para qué ser más felices? Ser más felices no sólo nos hace sentir mejor, sino que nos da más energía, nos hace estar más sociables y ser más creativos, más generosos y proactivos, y, algo muy importante, hace sentir mejor a las personas que nos rodean.

Otro de los beneficios de la felicidad es que parece aumentar nuestra capacidad intelectual y potencia nuestros recursos físicos, psicológicos y sociales. En lo físico, incrementa nuestra energía, nos da mayor vitalidad y mejora nuestra salud; incluso en alguna investigación se demostró que las personas felices podían vivir unos diez años más. En lo intelectual, cuando estamos felices somos más creativos y tenemos mayor agudeza intelectual. En lo psicológico, al estar felices tenemos mayor capacidad para afrontar adversidades, más y mejores recursos para adaptarnos a ellas (resiliencia). Y socialmente, estando felices tenemos mejores relaciones con los demás y mayor altruismo y conducta solidaria (Barbara Fredrickson, 2004).

¿Cómo son las personas felices?

Las personas felices no necesariamente tienen unas circunstancias externas favorables (riqueza o trabajo). Lo que sí tienen son unos patrones de pensamiento y comportamientos más positivos que les hacen sentir felicidad. Dijo Abraham Lincoln que «cada persona es tan feliz como se propone serlo». Las personas felices tienen mejor autoestima, mayor confianza en sí mismas, una actitud más positiva y un mayor optimismo. Generalmente, cuando estamos felices estamos menos centrados en nosotros mismos, desarrollamos más comportamientos altruistas y de empatía, y hacemos una evaluación más positiva de los demás.

Según investigaciones de Lyubomirsky (2008), las personas felices tienen los siguientes comportamientos:

- ✓ Dedican mucho tiempo a las relaciones interpersonales, familia y amigos.
- ✓ Suelen expresar gratitud por lo que tienen. Se sienten afortunados.
- ✓ Suelen ofrecer ayuda a los demás.
- ✓ Son optimistas al pensar en su futuro.
- ✓ Disfrutan los pequeños placeres de la vida y tratan de vivir intensamente.
- ✓ Tienen el hábito de practicar ejercicio físico.
- ✓ Están comprometidas con objetivos vitales acordes con sus valores.
- ✓ Muestran una mayor resiliencia (capacidad para superar obstáculos de la vida y aprender de ellos).

Además, están más motivados, tienen mayor autoestima, sienten que pueden elegir y que tienen control sobre sus vidas, que poseen autonomía, mayor apertura mental y fluir, y mayor capacidad de resolución de conflictos.

Aprender a pensar

Dicen los investigadores que hay un 40 por ciento de felicidad que podemos aumentar aprendiendo a pensar. Es decir, un 40 por ciento de felicidad que depende de nuestro esfuerzo por querer ser felices y usar herramientas para ello (Sonja Lyubomirsky, 2008).

Con estos datos, y la evidencia empírica sobre la mejora de la calidad de nuestra vida si aprendemos a pensar en positivo, se hace indispensable comenzar esa «gimnasia emocional», difícil hasta que se vuelve hábito, y entrenar a nuestros hijos o alumnos. Este entrenamiento requiere habilidades por parte del entrenador (por no utilizar la palabra *coach*, que ya no suena tan bien), como la propia gestión emocional, la capacidad de detectar pensamientos negativos en los hijos o alumnos, guiar mediante preguntas el cambio de pensamientos negativos por positivos en los niños, ayudar a focalizar lo positivo, etcétera.

Un ejercicio fantástico que podemos empezar por hacer en nosotros mismos es que cada noche, antes de dormir, escribamos en un cuaderno tres cosas positivas que hayan ocurrido en ese día. Y facilitar después que nuestros hijos hagan lo mismo, en edades tempranas guiados por nosotros y sólo de palabra, y más tarde ellos solos de forma escrita. Un ejemplo puede ser: «¿Qué cosas te han gustado más de lo que hemos hecho hoy?». Así los ayudamos a focalizar las cosas positivas. Quizá la mayor dificultad sea creer en la capacidad de nuestra mente para producir cambios, y dar el primer paso. El pensamiento positivo, la atención plena, la psicología positiva en general es mi filosofía de vida. Te invito a apostar por el *creer para ver*.

Seligman aplicó esta única estrategia para potenciar la felicidad en personas con depresión, que apenas querían levantarse de la cama, y en dos semanas, el estado de ánimo había mejorado considerablemente, y las personas se sentían mejor. Si este tipo de actividad tan fácil consigue estos resultados en personas con depresión, imaginemos qué niveles de felicidad podríamos conseguir en personas sanas.

3. EL ARTE DE EDUCAR LA FELICIDAD

Para educar niños felices tenemos que empezar por nosotros mismos. Una asignatura pendiente es aprender a educar la gratitud.

Sobre la base de la coherencia del ejemplo, la gratitud es un sentimiento que se educa y se desarrolla. No podemos pretender que nuestros hijos muestren gratitud si nosotros no lo hacemos. Pero ¿gratitud ante qué? Gratitud ante la vida, ante lo que las personas hacen por nosotros, gratitud ante el cariño recibido, ante el apoyo, el elogio, ante el propio esfuerzo. Según el filósofo Robert Roberts, la gratitud contradice tres sentimientos que son la base de la tristeza: el resentimiento, el arrepentimiento y la envidia. Podemos ayudar a nuestros hijos a potenciar la gratitud, recordando cada día algo por lo que estar agradecidos, escribiendo notas de agradecimiento a personas importantes o simplemente mostrando cariño. Educando la gratitud potenciamos su humildad. Según recoge Rhonda Byrne, la autora de *El secreto*, la gratitud es la fuerza más poderosa, capaz de eliminar toda la negatividad de nuestra vida. Precisamente, es *el secreto* de la felicidad. Por ello debemos educar la gratitud desde el ejemplo, para educar niños felices.

> «La gratitud, como ciertas flores, no se da en las alturas, y reverdece mejor en la tierra buena de los humildes.»
>
> José Martí

Tanto para nosotros mismos como en nuestra relación con nuestros hijos, podemos realizar comportamientos que favorezcan emociones positivas de felicidad, como disfrutar, pasear, abrazar, rodearnos de amigos, etcétera.

¿Cuánto tiempo dedicamos a hacer estas pequeñas cosas que nos hacen sentir felices? Leí en el blog de mi amigo Jaime Pereira un post en el que reflejaba cómo potenciar los comportamientos afectivos en el hogar, desde llegar y dar un beso, mirar a los ojos o contar cómo nos sentimos. Sin duda, elementos básicos de la convivencia, que a veces (muchas veces) pasamos por alto y, sin darnos cuenta, hacemos que la felicidad se vaya adormeciendo. Quizás un entrenamiento como el que muy acertadamente propone Jaime reduciría la estadística de divorcios e incrementaría el índice de felicidad.

#PARAPENSAR

Acciones para educar la felicidad

- ✓ Rodearnos de gente feliz.
- ✓ Estar con personas que te escuchan.
- ✓ Besar.
- ✓ Expresar tu amor a otra persona.
- ✓ Ser agradecido.
- ✓ Acariciar, coger de la mano.
- ✓ Abrazar.
- ✓ Mirar a los ojos durante 5 segundos.
- ✓ Poner cara de persona feliz.
- ✓ Reír.
- ✓ Divertirse.
- ✓ Estar con amigos.
- ✓ Conversar de forma abierta.
- ✓ Amar.
- ✓ Jugar.
- ✓ Aplicar humor a lo cotidiano.

Tabla «Cómo educar la felicidad».
Basada en Lewinsohn y Graf, 1973.

¿Cuáles dirías que son tus fortalezas? ¿Y las de tus hijos, colaboradores y pareja?

¿Cómo podrías potenciar tu pensamiento positivo y tu bienestar? ¿Y el de tus hijos?

¿Qué cosas te hacen sentir felicidad? ¿Con qué frecuencia las haces? ¿Crees que las podrías hacer más a menudo?

Anota algún recuerdo alegre, el nombre de alguna persona que te haga sentir bien y un deseo para el futuro.

Antes de dormir, recuerda escribir en un cuaderno lo que mejor te haya hecho sentir en el día. Establécelo como hábito.

Mis notas:

Después del gran diluvio, algunos animales quedaron atrapados
entre el lodo y los restos de los árboles. La jirafa Fajira y la araña
Nor también quedaron enredadas en la copa de un gran árbol.
Fajira estaba asustada. Repetía una y otra vez que tenía mala suerte,
que era imposible salvarse, y, entonces, ¿quién iba a ayudarla?
Con lo alta y pesada que era.
La araña Nor salió nerviosa de un hueco del tronco,
y le dijo a Fajira:
—¿Quieres parar de quejarte? Yo te ayudaré.
—¡¿Tú?! —respondió irónicamente Fajira—.
Si eres pequeña y débil..., ¿cómo vas a ayudarme?
—Confía en mí —contestó de forma rotunda la araña Nor.
Así, Nor bajó por el tronco, y con sus hilos consiguió tirar de todas
y cada una de las ramas que apresaban a Fajira,
hasta que consiguió liberarla.
Fajira, sorprendida e incrédula, no sabía qué decir.
—¡No me lo puedo creer! —gritó—. Gracias, Nor, te debo... la vida.
Nor estaba muy contenta por haber ayudado a Fajira.
—Tienes que confiar más. Si crees que nadie podrá ayudarte,
nadie lo hará. En la vida, ¡todo tiene solución!
—le dijo Nor a Fajira cantando.
—Pero ¿por qué cantas?
Y la araña Nor respondió:
—Te parece poco..., ¡¡estamos vivas!!

9. OPTIMISMO E ILUSIÓN

«La mente es muy suya, y por sí sola puede convertir el cielo en un infierno y el infierno en el cielo.»

JOHN MILTON en *El paraíso perdido*

1. ¿POR QUÉ EDUCAR EN EL OPTIMISMO?

El optimismo es un mecanismo esencial de supervivencia. De alguna manera, nuestro cerebro viene preparado por defecto para ser optimistas, para hacer que sigamos hacia delante incluso cuando todo parece ir mal. De aquí nace lo que se llama *sesgo optimista,* que es una ilusión positivista, que hace que en ocasiones creamos demasiado en que todo va a salir bien. Las personas más positivas no se sienten mal cuando no consiguen las cosas, porque siguen pensando que lo van a conseguir. Así, Tali Sharot, experta en optimismo, destaca que el 80 por ciento de las personas nos creemos mejores que los demás.

Una mentalidad optimista tiene al menos tres grandes beneficios: mejora el bienestar y la salud, aumenta la capacidad de superar obstáculos y favorece el éxito en la vida.

¿Por qué las personas optimistas tienen mayor bienestar? Suzanne Segerstrom, de la Universidad de Kentucky, explica que «el optimismo conduce a un mayor bienestar, no porque las personas optimistas tengan un milagroso elixir de la felicidad que los pesimistas no tienen; simplemente porque participan activamente en su propia vida». Esa mentalidad de «creer para crear» pone en marcha una serie de comportamientos que son los que en realidad producen cambios, hechos, y así se consiguen resultados. Por lo tanto, el pensamiento positivo es muy importante, pero lo de verdad importante son las acciones positivas que vienen tras ese pensamiento.

Diferentes estudios revelan además los efectos del pensamiento positivo y el optimismo en la salud. Ante la enfermedad, las personas con pensamientos positivos, de esperanza y optimismo, tienen mejor calidad de vida, que se hace extensible a sus cuidadores y familiares, según un estudio de la Universidad de Míchigan. Además, en la Universidad de Miami se descubrió que las mujeres embarazadas que presentaban altos niveles de optimismo en el tercer trimestre de gestación tenían menos probabilidades de padecer depresión después del parto.

Las neurociencias se han preocupado por localizar el área cerebral donde se localiza el centro del optimismo. Como todas las actividades complejas, no se encuentra localizado en un área concreta; no obstante, en diferentes investigaciones se ha detectado que la zona prefrontal izquierda del cerebro registra una mayor actividad en personas optimistas que en las pesimistas. Empleando técnicas de electroencefalografía (EEG), Richard Davidson descubrió además que en personas sanas, el simple hecho de abordar cosas positivas activa el hemisferio izquierdo de la corteza cerebral. En el año 2012, Elaine Fox publicó un estudio en el que aseguraba que existe un gen del optimismo; una variación en el gen transportador de serotonina hace que prestemos más atención a lo positivo o a lo negativo, siendo más optimistas o pesimistas, respectivamente.

El optimismo alarga la vida, regula las emociones negativas y reduce la vulnerabilidad a las enfermedades. Las personas optimistas, además, mantienen una visión positiva del futuro, tienden a considerar posible lo que más desean y esperan lograr las metas que se proponen.

Los beneficios del optimismo proceden de nuestra capacidad de aceptar lo bueno y lo malo, y de estar preparados para trabajar con perseverancia para conseguir lo que queremos en la vida. Como destaca Seligman, los optimistas están plenamente convencidos de que ejercen un alto grado de control sobre su propio destino.

El optimismo tiene influencia en nuestras emociones, en nuestros pensamientos, en nuestra salud, en nuestras expectativas y en nuestros sueños.

El optimismo influye también en la ilusión. Y la ilusión, en nuestra motivación, la fuerza que nos mueve cada día. Visto así, parece indispensable fomentar el optimismo en nosotros mismos, en nuestros hijos, colaboradores y en nuestro entorno.

2. EDUCAR LA RESILIENCIA

> «Luchar ya es medio triunfo conquistado, que no importan las veces que has caído, si después de caer te has levantado.»
>
> E. J. MALINOWSKI

La resiliencia es un concepto que caracteriza a personas que a pesar de vivir en situaciones de alto riesgo se desarrollan psicológicamente sanas y con éxito (Rutter, 1993). También se define como «la cualidad de una persona que no se deja abatir» (Bowlby, 1992).

La resiliencia se conoce como la capacidad para superar obstáculos y aprender de ellos. Decía Cyrulnik que la resiliencia «es el arte de navegar en los torrentes».

Educar el optimismo forma parte de la educación de la resiliencia. Parece ser que el optimismo influye en las expectativas positivas de la vida, por lo tanto, en la superación adaptativa de situaciones difíciles y en el bienestar psicológico y físico (Scheier, 1985; Seligman, 1988).

Las personas necesitamos que los demás confíen en nosotros. Lo más importante para educar niños resilientes es que se sientan aceptados, apoyados y amados. Es muy importante aceptar al niño tal como es, mostrarle respeto, comprensión, amor, evitar la desvalorización o la indiferencia, establecer límites y normas, fomentar su autonomía y las relaciones positivas, y utilizar el juego, el humor y la expresión emocional (Silber, 1994).

Los últimos estudios que recoge Andrew Zolli ponen de manifiesto la importancia del *mindfulness* como herramienta de control de la persona para hacer frente a las adversidades, más allá de la predisposición genética, factores psicosociales o circunstancias del entorno, que la persona no puede controlar.

La realidad es que las mismas situaciones afectan de forma diferente a las personas, en función de esta capacidad de vivir la adversidad y construir emociones positivas en situaciones negativas. Construir unos cimientos estables en los niños, con una base de aceptación incondicional y red de apoyo, permite construir una personalidad lo suficientemente fuerte y estable para superar de forma adaptativa las dificultades.

3. EL ARTE DE EDUCAR NIÑOS OPTIMISTAS

Los niños optimistas suelen ser más abiertos, sociables, afables, extravertidos, verbalizan más los pensamientos y comunican sentimientos, y expresan gratitud en mayor medida que los niños pesimistas, que muestran una mayor introversión, retraimiento, suelen interiorizar las emociones y no comunicarlas, con las consecuentes dificultades de interacción social y gestión emocional.

La mayor parte del aprendizaje en los niños es modelado, aprendido, imitado del entorno (Bandura, 1961). Efectivamente, esto quiere decir que tus hijos probablemente reproducirán tu nivel de optimismo.

Christopher Peterson, de la Universidad de Míchigan, encontró en sus investigaciones que la forma de explicar e interpretar acontecimientos pasados en menores de doce años coincidía con la forma de hacerlo de sus progenitores.

Hay que educar bien, porque los niños adquieren los estilos explicativos de sus padres y madres, y pueden ser estables toda la vida.

¿Cómo reconocer niños con estilos explicativos pesimistas? Suelen caracterizarse por los siguientes comportamientos:

- ✓ Utilizan palabras como «siempre» o «nunca». Piensan que lo que hacen mal se debe a su forma de ser. Por ejemplo: «Nunca me sale bien».
- ✓ Generalizan una situación, por ejemplo: «No hago nada bien».
- ✓ Se culpan de los fracasos y atribuyen los éxitos a los demás.

Esto quiere decir que, si nuestros hijos nos escuchan dar explicaciones de forma positiva, incorporarán ese hábito en sus vidas. Y si suelen escucharnos haciendo comentarios negativos y críticas, especialmente hacia uno mismo, harán lo mismo.

¿Podemos entrenar el optimismo?

En 1999 desarrollaron un programa de entrenamiento del optimismo, de doce semanas de duración, para niños de quinto y sexto de primaria. Se les enseñaba a detectar sus pensamientos negativos o pesimistas («no me llama porque no me quiere»), a cuestionar esos pensamientos («¿qué pruebas tengo de que esto es así?») y a generar alternativas más optimistas («no me llama porque no sabía que yo quería ir»). Dos años después de finalizar el programa, los niños entrenados presentaban menores índices de depresión que los demás, en gran parte debido al optimismo aprendido (Gillham y Reivich, 1999).

Tali Sharot, neurocientífica de la Escuela Universitaria de Londres, destaca además que los niños optimistas tienen mayor rendimiento académico, deportivo y profesional. Una de las explicaciones posibles la recogieron dos economistas de la Universidad de Duke, al comprobar que las personas optimistas trabajaban más horas, ganaban más dinero y eran más perseverantes en la tarea, al creer que iban a conseguirlo.

Esto quiere decir que entrenando habilidades de pensamiento optimista, pensamiento en positivo, cuestionando creencias y pensamientos automáticos, podemos tener niños más felices, y adultos más sanos. Toca preguntarse ahora por qué con estas evidencias de la ciencia, seguimos con estos altos índices de depresión e infelicidad.

#PARAPENSAR

- ✓ Aprende a ver el lado bueno de las cosas.
- ✓ Aprende a confiar. Todo pasa, todo llega y todo sucede por algo.
- ✓ Visualízate alcanzando objetivos. Te sentirás más seguro y con más fuerza para conseguirlo.
- ✓ Detecta tus «pensamientos barrera», esos pensamientos automáticos que te hacen ser más pesimista, e intenta sustituirlos por pensamientos más positivos que te ayuden a conseguir tus objetivos.
- ✓ Extrae de cada error un aprendizaje. Pregúntate: ¿qué puedo aprender de este error para aplicarlo en mi vida? ¿He desarrollado algo bueno como consecuencia de este error? A veces los errores se convierten en aciertos; se gana más que se pierde, especialmente en crecimiento interior.
- ✓ Focaliza tu atención en tus fortalezas, no en tus debilidades o carencias.
- ✓ Centra la atención en lo que puedes hacer de hoy en adelante.
- ✓ El pasado ha pasado, el presente es lo que cuenta.
- ✓ Comunícate en positivo contigo mismo. «Puedo conseguirlo» es un buen comienzo para intentar cosas.
- ✓ Siente y expresa gratitud por lo que tienes, lo que recibes y lo que das.
- ✓ Evita ciertas frases, como «no puedo» o «no tendría que haberlo intentado». Haz tu propia lista de frases tabú.
- ✓ Desarrolla la confianza en ti mismo poco a poco, con objetivos alcanzables y medibles. Cuando lo consigas, mírate al espejo y valora tu esfuerzo.

¿Cómo podrías potenciar tu optimismo? ¿Y el de tus hijos, pareja y colaboradores? ____________________

¿Qué cambia cuando piensas que todo va a salir bien? ¿Cómo te sientes? ____________________

Intenta detectar algún pensamiento negativo, analiza las consecuencias que tiene en tu comportamiento, y elabora una lista de pensamientos optimistas alternativos que te den más fuerza. ____________________

Mis notas:

10. VITAMINAS PARA LA VIDA

Las emociones se alimentan de emociones. Si aportamos emociones positivas, generamos emociones positivas. Si aportamos emociones negativas, generamos emociones negativas.

Primero, tenemos que aprender a sentir y a aportar las emociones que nos ayudan a crecer a nosotros mismos y a los que nos rodean.

Las emociones positivas, nos hacen sentir más seguros y confiados, nos permiten desarrollarnos mejor, aumentan nuestra percepción de opciones y la generación de ideas e incrementan nuestra atención y nuestro repertorio cognitivo y comportamental (Barbara Fredrickson).

Para sentirnos mejor, más capaces y más desarrollados, cada día podemos buscar activamente generar emociones positivas en nosotros mismos y en los demás.

Te recomiendo:

Vitamina A: Afecto, Amor, Atención, Apoyo, Aceptación, Admiración, Alegría.

Vitamina C: Calor, Comprensión, Cariño, Cercanía, Cuidados, Curiosidad, Cuentos, Creatividad, Corazón.

Vitamina D: Dedicación, Deseos, Dulzura, Diversión.

Vitamina E: Emoción, Educación, Escucha, Estímulo, Expectativa, Esperanza, Empatía.

Vitamina T: Tiempo.

11. EL PODER DE LA ELECCIÓN

«Uno puede crear un día de cualquier tamaño, y regular el amanecer y el ocaso de su propio sol, y el brillo de su resplandor.»

JOHN MUIR

Las personas que tienen percepción de control sobre su vida (control percibido, no necesariamente real) y sobre sus circunstancias se enfrentan de una forma más positiva a los problemas que quienes piensan que no han podido decidir, o que su decisión no ha sido importante.

Las personas que tienen o creen que tienen el control gestionan mejor sus emociones negativas, incluso en situaciones de intensa ansiedad. Las personas que sienten o perciben que no pueden ejercer control sobre el entorno, sobre su vida, dejan de intentar, de luchar, porque no se perciben con poder de decisión o elección. Esto es la *indefensión aprendida* (Seligman).

Sentir que tenemos recursos y opciones, y que estamos eligiendo, nos ayuda a reducir la percepción de falta de control y, por lo tanto, de estrés, y nos aporta mayor sensación de control, tranquilidad y bienestar en nuestra vida.

Recoge Rojas Marcos en su libro *La fuerza del optimismo*: «El sentimiento persistente de indefensión en situaciones de adversidad mengua la esperanza, ensombrece la perspectiva de la vida y daña el optimismo de las personas».

La ley de los sistemas complejos establece que todos somos a la vez causa y efecto de lo que nos sucede. Es decir, somos responsables únicos de la vida que vivimos; por lo tanto, en la vida que vivimos ya estamos eligiendo. Dijo Pablo Neruda: «No olvides que la causa de tu presente es tu pasado, como la causa de tu futuro es tu presente».

Para educar a un niño feliz es indispensable educar primero esa felicidad en nosotros. Todo cambio debe partir de uno mismo. Somos responsables de hacer de nosotros las personas que queremos llegar a ser, intentando ser la mejor versión de nosotros mismos, para poder ofrecer más a los demás.

Sentir que podemos elegir nos hace más felices, más plenos y más comprometidos con nuestra propia vida y los resultados. Como decía Viktor Frankl: «La última de las libertades humanas es elegir la actitud con la que afrontas las circunstancias». Y justamente ésa debe ser nuestra mejor elección: **la actitud con la que afrontamos la vida.**

> «Vivir es acordarse de olvidar.
> Perdona lo que deba perdonarse.
> Olvida lo que deba olvidarse.
> Abraza la vida con renovado vigor.
> Deberíamos poder acoger cada instante de la vida
> con una mirada nueva,
> como una flor que acaba de abrirse...»
>
> MATA AMRITANANDAMAYI

#QUIENERESTU EN 140 CARACTERES

«Trata de cambiarte a ti mismo, no a los demás. Es más fácil calzarse unas zapatillas que alfombrar toda la tierra.»

Anthony de Mello

«Lo que está delante de nosotros y lo que está detrás es poco importante comparado con lo que reside en nuestro interior.»

Oliver Wendell Holmes

«Para entender la luz, hay que haber vivido la oscuridad.»

Álex Rovira

«Lo importante no es lo que han hecho de nosotros, sino lo que hacemos con lo que han hecho de nosotros.»

Jean-Paul Sartre

«No basta amar a los niños. Es preciso que ellos se den cuenta de que son amados.»

DON BOSCO

«El espíritu de la educación es el conocimiento no de los hechos, sino de los valores.»

WILLIAM R. INGE

«Educar es dar al cuerpo y al alma toda la belleza y perfección de que son capaces.»

PLATÓN

«No hay maestro que no pueda ser discípulo.»

PADRE BALTASAR GRACIÁN Y MORALES

«El medio mejor para hacer buenos a los niños es hacerlos felices.»

OSCAR WILDE

«Antes de casarme tenía seis teorías sobre el modo de educar a los niños. Ahora tengo seis hijos y ninguna teoría.»

JOHN WILMOT

«La palabra progreso no tiene ningún sentido mientras haya niños infelices.»

ALBERT EINSTEIN

«Si quieres saber qué es la ilusión, busca la respuesta en los ojos de un niño.»

ANÓNIMO

«Si quieres saber cómo fue tu pasado, mira lo que eres hoy. Si quieres saber cómo será tu futuro, mira lo que estás haciendo ahora.»

Máxima budista

«Si la única herramienta que tenemos es un martillo, todos los problemas nos parecerán clavos.»

Anónimo

«El triunfo en la vida depende un 20 por ciento del talento, y un 80 por ciento del corazón que se pone en lo que se hace.»

Mario Alonso Puig

«Si nuestros padres no nos ven como somos realmente, crecemos creyendo que estamos vacíos.»

Alejandro Jodorowsky

«No hay deber que descuidemos tanto como el deber de ser felices.»

Robert Louis Stevenson

«Un hijo es una pregunta que le hacemos al destino.»

José María Pemán

«El corazón no habla, pero hay que escucharlo para entender.»

Proverbio chino

«Cuando cambias la forma de mirar las cosas, las cosas que miras cambian.»

Wayne Dyer

AGRADECIMIENTOS

«La gratitud es la más saludable de todas las emociones humanas.»

ZIG ZIGLAR

Educar en la gratitud es uno de los factores más importantes que se han demostrado como indispensables para sentir felicidad. Por ello, digo GRACIAS a tantas personas especiales de las que tengo el privilegio de rodearme, por su aportación, ánimo y apoyo. Estoy muy agradecida a todas las personas que me han alentado a soñar y a hacer mis sueños realidad. Gracias a mi editor, Roger Domingo, por su confianza en mí y por hacer realidad este sueño, así como a Sira, Carme, y todo el equipo de editorial Planeta.

Gracias a mis padres y mi hermano, por darme raíces y alas. Gracias a mi hija, Norah, por ser mi razón. Gracias a mis amigas, Angy, Myriam, María José, Vanessa, Sol y Úrsula, que me apoyan y sujetan cuando puedo caer. A mi red de #RRHHMad, personas maravillosas que tengo la suerte de tener. A César Martínez Dalmau, por lo que dejó en su vida, y en la nuestra. A Emma Salamanca, María Luisa Moreno, Jane Rodríguez del Tronco, Marta Torrejón, Julia de Miguel, Pablo Alonso, Rubén Turienzo, Marta Romo, Ana Belén Arcones, Sonia Rodríguez Muriel, Jaime Pereira o Eva Collado Durán, porque le dais sentido a mi 2.0.

A Noemí Vico, pilar imprescindible en mi vida. A mi Francisco Alcaide por su apoyo incondicional. A Belén Jurado, Miguel Ángel Serralvo, Marivi Romero, Alejandro Durán y Esther Pinto, por creer en mí en los momentos difíciles. A mi prima y mejor amiga, Paqui Fernández, por su ejemplo, y por enriquecer este libro con su creatividad y su arte. A José Ruiz Pardo por su apoyo y motivación para escribir este libro. A Roberto Luna y a Pilar Jericó por su guía y cariño.

Y gracias a todas las personas que han formado parte de mi vida, aunque ahora no estén en ella, porque cada palabra del libro supone un aprendizaje de la vida de la que en algún momento han formado parte. Gracias.

BIBLIOGRAFÍA

Brockman, John, *Este libro le hará más inteligente*, Paidós, Barcelona, 2012.

—, *Mente*, Crítica, Barcelona, 2012.

Carrión, Salvador, *Curso de practitioner en PNL*, Obelisco, Barcelona, 2001.

Chade-Meng Tan, *Busca en tu interior*, Zenith, Barcelona, 2012.

Christakis, Nicholas, y James Fowler, *Conectados*, Taurus, Madrid, 2012.

Coyle, Dan, *Las claves del talento*, Planeta, Barcelona, 2009.

Csikszentmihalyi, M., *Flow*, Debolsillo, Barcelona, 2011.

—, *Aprender a fluir*, Kairós, Barcelona, 2013.

Cubeiro, Juan Carlos, *Del capitalismo al talentismo*, Alienta, Barcelona, 2012.

Damasio, Antonio, *En busca de Spinoza. Neurobiología de la emoción y los sentimientos*, Crítica, Barcelona, 2005.

—, *El error de Descartes*, Crítica, Barcelona, 2011.

Davidson, Richard J., *El perfil emocional de tu cerebro*, Destino, Barcelona, 2012.

—, *The functional neuroanatomy of emotion and affective style.*

Dispenza, Joe, *Deja de ser tú*, Urano, Barcelona, 2012.

Dyer, Wayne, *La felicidad de nuestro shijos*, Debolsillo, Barcelona, 2006.

Elias, Maurice, Steven Tobias y Brian Friedlander, *Educar con inteligencia emocional*, Círculo de Lectores, Barcelona, 2002.
Fernández-Abascal, Enrique G. (comp.), *Emociones positivas*, Pirámide, Madrid, 2011.
Fisher, Helen, *Anatomía del amor*, Anagrama, Barcelona, 1992.
Fox, Elaine, *Una mente feliz*, Temas de Hoy, Madrid, 2012.
Gardner, Howard, *Mentes extraordinarias*, Kairós, Barcelona, 1999.
—, *Inteligencias múltiples*, Paidós, Barcelona, 2005.
Gillham y Reivich, *Prevention of depressive symptoms in school children*, 1999.
Gladwell, Malcom, *Inteligencia intuitiva*, Taurus, Madrid, 2005.
Goleman, *Inteligencia social, inteligencia emocional, cerebro...*
—, 1998.
—, 2011.
González, Oscar, *Familia y escuela, escuela y familia*, Manuscritos, Morata de Tajuña (Madrid), 2012.
Gottman, John, *Cómo educar niños emocionalmente inteligentes.*
Informe Coca-Cola de la felicidad, España, 2008.
Janssen, Thierry, *La solución está en ti*, MR, Madrid, 2007.
Jericó, Pilar, *No miedo*, Alienta, Barcelona, 2010.
LeDoux, Joseph, *El cerebro emocional*, Planeta, Barcelona, 2010.
Luna Arocas, Roberto, *Despierta el talento*, Lidl, Madrid, 2011.
Lyubomirsky, Sonja, *La ciencia de la felicidad*, Urano, Barcelona, 2008.
Marina, José Antonio, *La educación del talento*, Círculo de Lectores, Barcelona, 2012.
Mayer y Salovey, *Emotional Intelligence*, 2004.
Mestre, J. M. y Fernández-Berrocal, P., *Manual de inteligencia emocional*, Pirámide, Madrid, 2007.
Puddicombe, Andy, *Mindfulness*, Edaf, Madrid, 2012.
Puig, Mario Alonso, *Reinventarse*, Plataforma, Barcelona, 2012.
Punset, Eduard, *Excusas para no pensar*, Destino, Barcelona, 2012.
Punset, Elsa, *Inocencia radical*, Punto de Lectura, Madrid, 2011.
Ramos, Natalia, Olivia Recondo y Héctor Enríquez, *Practica la inteligencia emocional plena*, Kairós, Barcelona, 2012.
Riso, Walter, *Amar o depender*, Planeta, Barcelona, 2008.
—, *Enamórate de ti*, Planeta, Barcelona, 2012.
Robinson, Ken, *El elemento*, Grijalbo, Barcelona, 2011.
—, *Busca tu elemento*, Empresa Activa, Barcelona, 2012.

Rojas Marcos, Luis, *La fuerza del optimismo*, Aguilar, Madrid, 2005.
Rovira, Álex, *La buena vida*, Aguilar, Madrid, 2008.
Seligman, Martin, *La auténtica felicidad*, Zeta, Barcelona, 2011.
Shaffer, David, *Psicología del desarrollo en la infancia y la adolescencia*, Paraninfo, Madrid, 2007.
Sharot, Tali, *The Optimism Bias: A Tour of the Irrationally Positive Brain*, Vintage Books, 2011.
Sheldon, Fredrickson, Rathunde, Csikszentmihalyi y Haidt, 1999.
Siegel, Daniel J., *Cerebro y mindfulness*, Paidós, Barcelona, 2010.
Steiner, Claude M., *Los guiones que vivimos*, Kairós, Barcelona, 1998.
Tierno, Bernabé, *Los pilares de la felicidad*, Temas de Hoy, Madrid, 2009.
Vázquez, Carmelo, *La ciencia del bienestar*, Alianza, Madrid, 2009.
Zak, Paul, *La molécula de la felicidad*, Indicios, Barcelona, 2012.
Zolli, Andrew, *Resilience. Why things bounce back*, Headline, 2012.

Blogs de referencia

Álex Rovira, <www.alexrovira.es>
Antonio Ruiz, <liderazgocoaching.blogspot.com.es>
Fátima Abril, <blog.fatimabril.es>
Francisco Alcaide, <www.franciscoalcaide.com>
Jaime Pereira, <www.jaimepereira.es>
Julia de Miguel, <juliademiguel.blogspot.com.es>
Marta Romo, <martaromo.wordpress.com>
Noemí Vico, <www.noemivico.es>
Óscar González, <www.elblogdeoscargonzalez.com>
Pilar Jericó, <www.pilarjerico.com>
Roberto Luna, <www.robertoluna.es>

Webs de referencia

<www.faroshsjd.net>
<www.inteligenciaemocionalplena.com>
<www.iepp.es>, Instituto Europeo de Psicología Positiva
<www.institutodelafelicidad.com>
<www.ted.com>
<www.authentichapyness.com>
<www.ine.es>
<www.casel.org>

Iniciativas educativas en España

Creyendo que otra educación es posible, en España existen diferentes iniciativas para impulsar una nueva educación, íntegra, que atienda al desarrollo emocional y del talento desde los primeros años escolares. Algunas de estas iniciativas:

Escuela de Talento
<www.escuelatalento.com>
Escuela de Talento es una empresa dedicada al desarrollo del talento en el ámbito educativo y empresarial mediante programas de formación para el desarrollo del talento emocional, creativo y ejecutivo.

Fundación Promete
<www.promete.org>
La misión de la Fundación Promete es promover un mayor y mejor desarrollo del talento de todas las personas mediante el diseño y la realización de proyectos de innovación educativa y social, en cooperación con el resto de los agentes sociales, como aportación a un nuevo paradigma de educación vocacional, personalizada e inclusiva.
Fundación Promete organiza el Campus Promete, un campus de verano para el desarrollo del talento creativo de jóvenes, <www.campusprome te.es>.

Universidad de Padres (UP)
<www.universidaddepadres.es>
Dirigido por José Antonio Marina, es un proyecto pedagógico global e integral para ayudar y acompañar a los padres y madres en la tarea de educar a sus hijos para que éstos puedan alcanzar sus capacidades máximas y convertirse en unos adultos felices, responsables, capaces de elaborar un proyecto vital exitoso y optimista.

Escuela de padres con talento
<www.escueladepadrescontalento.com>
Un lugar para ayudar a los padres y a las madres a aprender a educar. Coordinado por Óscar González, con el apoyo de Pedro García Aguado (*Hermano mayor*) y Sonia Cervantes.